职业指导

◎谭素文　主编

浙江科学技术出版社

图书在版编目(CIP)数据

职业指导/谭素文主编.—杭州：浙江科学技术出版社,2015.3(2016.1重印)

ISBN 978-7-5341-6543-6

Ⅰ.①职… Ⅱ.①谭… Ⅲ.①职业选择—中等专业学校—教材 Ⅳ.①G717.38

中国版本图书馆CIP数据核字(2015)第051503号

书　　名	职业指导
主　　编	谭素文
出版发行	浙江科学技术出版社 杭州市体育场路347号　邮政编码：310006 办公室电话：0571-85176593 销售部电话：0571-85176040 网　址：www.zkpress.com E-mail：zkpress@zkpress.com
排　　版	杭州大漠照排印刷有限公司
印　　刷	杭州丰源印刷有限公司
经　　销	全国各地新华书店

开　　本	710×1000　1/16	印　张	11.75
字　　数	198 000		
版　　次	2015年3月第1版		2016年1月第2次印刷
书　　号	ISBN 978-7-5341-6543-6	定　价	29.00元

责任编辑　张祝娟　　封面设计　金　晖

责任校对　罗　璀　　责任印务　崔文红

编辑委员会

序 PREFACE

“我是谁？我在哪里？我将去何处？”这是我们很多中职学生迷茫、困惑的。确实，职业的抉择犹如人生的抉择，同样需要智慧。在职业抉择的路口，先就业后择业还是先择业后就业？择优就业还是自主创业？这都需要我们学生能正确认识自我、准确定位，有正确的职业观、必备的求职条件及“接受不可改变的事情”的胸怀，脚踏实地，一步一个脚印地努力工作；或者另辟蹊径，“有勇气来改变可以改变的事情”，自主创业。

在这温暖的冬日，由谭素文等几位老师呕心沥血合编的《职业指导》即将出版了，我倍感欣喜。本书“成功一定有计划”“职业选择与决策”等六章的内容都给我们同学如何决策、如何行动、如何走向成功指点了迷津，指导同学们找到最适合自己的路并可以阔步前行，成长为“做人有底线、文化有底蕴、技能有底功、创业有底气”的高素质劳动者和技能型人才。

今年，“让每个人都有人生出彩的机会”“职业教育大有可为”等有关领导所讲的话都预示着职业教育的春天已到来。作为首批国家中等职业教育改革发展示范学校，在后阶段，我们将更注重承担先行先试的任务，遵照浙江省教育厅厅长刘希平“切实维护中职生学习选择权”的讲话精神，不断深化课程改革，建设多样化的课程体系，编写更多、更好的教材，将更多的选择权交给学生，充分展示地方特色，使我校能始终走在全国职业教育的前列，在赋予学生充分选择权的同时，让学生能多学些有兴趣学、有能力学、学得好且对实现自己志向有用的知识和技能，让每一位学生都能品尝学习和成功的快乐，实现学生全面而有个性的发展，做最好的自己，并能为中华民族伟大复兴担责！

是为序。

柯桥区职业教育中心校长

2015年初冬

前言 PREFACE

为贯彻《国务院关于加快发展现代职业教育的决定》精神，落实全国职业教育工作会议“职业教育要以用人单位为取向”的要求，确保新一轮中等职业教育教学改革顺利进行，全面提高教育教学质量，保证高质量教材进课堂，我们结合学校实际，组织编写了本书。

鉴于此，我们编写组成员以学校获得的市级立项课题“职校学生心理品质和职业生涯发展的研究与策略”的研究为契机，立足于学生的生活、学习实际，以案例教学为主体，以就业为导向，将理论观点和知识阐述寓于学生在校的学习、生活和未来职业活动的主题中，引导学生立足自身现实，理解、掌握并践行职业规划和未来职业发展。本书在内容编写上，采用灵活多样的形式来调动学生学习的积极性，以职业发展为主线，我们对教材的体系、版式设计等方面进行了求实、求新、求活的探索，力求能吸引学生自觉自愿地阅读本书，教材设置了“职场故事”“职场导航”“连线职场”“赢在职场”和“职场演练”等栏目，本书给学生创造了参与、体验、感悟和内化提升的机会。本书体例活泼、语言通俗、深入浅出，充分结合了中职学生的实际情况，有利于师生教与学。

本书由谭素文担任主编，统稿并修改，参加编写的人员有：谭素文、王权、王国钦、王国萍、陈丽芳、鲍利凤、孙一平、戴飞。本书在编写过程中，在谭素文的统一指导下，每位编写者都将各章的内容在自己授课的班级中进行实践辅导，并在此基础上做了反复的修改，可以说这是一本切合中等职业学校学生发展实际、具有很强可读性、具有一定可操作性和实效性的教材。

限于水平，书中难免存在不足之处，恳请读者提出宝贵的意见，以便再版时修改。

编　者

2014 年 11 月

目录 CONTENTS

第一章　概　　述

第一节　认识职业

在职业生涯发展的道路上，重要的不是你现在所处的位置，而是迈出下一步的方向。

——程社明

只要开始，永远不晚；只要进步，总有空间。

——程社明

工业革命与新兴职业

第三次工业革命始于20世纪50年代，电子计算机、原子能、空间技术等新科技的应用，标志着人类进入了自动化时代。今天我们面临着新技术革命的挑战，有人把它称为“第四次工业技术革命”。超大规模集成电路、航天技术、遗传工程、生物工程等新领域里的新技术、新成果将人类带入了信息时代，产生了如专业软件编制员、互联网管理员、电子报刊编辑、多媒体软件设计师等新兴职业。

谈起职业，同学们也许并不陌生。首先你的父母亲友，他们或是工人，或是农民，或是教师，或是医生，或是机关工作人员，或从事其他工作。他们每天奔波忙碌，辛勤工作，供你读书上学，维系着家庭的生活和幸福。这些工作就是职业。这些工作由于性质、任务、对象和方式的不同，如医生、护士、教师、记者等，我们又称之为不同的职业。

想一想，你选择某一个职业仅仅是为了谋生吗？你的父母从事何种职业？这些职业各有什么技术要求？

职场航标

一、什么是职业

简单地讲，职业就是人们从事的有比较稳定的合法收入的工作。准确地说，职业是劳动者以获取经常性的收入为目的而从事连续性的、相对稳定的、合法的社会劳动。

职业由三个基本要素组成：一是劳动；二是有固定的报酬或收入；三是要承担一定的职责并得到社会的承认。

二、职业的功能

对于个人来说，职业具有三个功能：谋生的手段；为社会做贡献的岗位；实现人生价值的舞台。三者密不可分，其中“谋生”是基础，“奉献”是过程，“价值”是结果。在人生旅途中，职业是幸福生活的源泉。

想一想：你选择某一个职业仅仅是为了谋生吗？

三、职业的特征

职业与人类的社会生活息息相关，随着社会的发展而产生和发展。职业是一种具有报酬的社会劳动，具有八个基本特征。

1. 职业的社会性

首先，表现在任何一种职业都不能独立存在，而只是整个社会生产、生活体系中的一个环节；其次，每个职业的从业人员都处在一定的社会环境中，从事着与其他社会成员相关联、相互服务的社会活动；再次，每一种职业都必须有一定规模的从业人数。

2. 职业的稳定性

职业的稳定性指某个职业的产生并不是基于社会某种临时性的需要，每种职业都有较长的生命周期。

3. 职业的目的性

职业的目的性也叫有偿性或经济性。任何一种职业劳动都能得到现金或实物回报，人们从事某种职业的一个重要目的就是谋生。通过自己的劳动，换取相应的经济报酬，并以此作为维持、丰富生活的主要收入来源。

4. 职业的规范性

职业的规范性也就是其合法性，一是职业必须符合社会主流道德；二是职业必须符合国家规定。

5. 职业的专业性

职业的专业性就是不同的职业在劳动内容、劳动方式、劳动手段等方面所具有的专业特点。例如，汽车修理工要有汽车构造等方面的知识，并具备汽车故障分析诊断与维修能力。

6. 职业的多样性

职业的多样性指职业存在于社会的政治、经济、文化、教育、军事、外交等一切领域，在每个领域中又有不同的种类，如在文化领域中有演员、作家、编辑等；在教育领域中有教师、工勤人员等。

7. 职业的技术性

职业的技术性指不同的职业都有具体的知识、技能和技巧要求。技术性是一切职业的共有特性。在现代社会中要从事某些职业，必须经过一定时间的知识和技能培训。

8. 职业的时代性

职业的时代性指职业随着时代的变化而变化，随着社会的发展而进步，某些职业会消失，新的职业会不断产生，原有的职业也会获得新的时代内容。

四、职业理想

职业理想是人们在职业上依据社会要求和个人条件，借想象而确立的奋斗目标，即个人渴望达到的职业境界。它是人们实现个人生活理想、道德理想和社会理想的手段，并受社会理想的制约。职业理想是人们对职业活动和职业成就的超前反映，与人的价值观、职业期待、职业目标密切相关，与世界观、人生观密切相关。

1. 职业理想的三个特点

(1) 差异性。职业是多样性的。一个人选择什么样的职业，与他的思想品德、知识结构、能力水平、兴趣爱好等都有很大的关系。政治思想觉悟、道德修养水准以及人生观决定着一个人的职业理想方向。知识结构、能力水平决定着一个人的职业理想追求的层次。个人的兴趣爱好、气质性格等非智力因素以及性别特征、身体状况等生理特征也影响着一个人的职业选择。因此，职业理想具有一定的个体差异性。

(2) 发展性。一个人的职业理想的内容会因时因地因事的不同而变化。随着年龄的增长、社会阅历的增强、知识水平的提高，职业理想会由朦胧变得清晰，由幻想变得理智，由波动变得稳定。因此，职业理想具有一定的发展性。孩提时代，想当一名警察，长大后却成了一名教师的事实就说明了这一点。

(3) 时代性。社会的分工、职业的变化，是影响一个人职业理想的决定因素。生产力发展的水平不同、社会实践的深度和广度的不同，人们的职业追求目标也会不同。因此，职业理想是一定的生产方式及其所形成的职业地位、职业声望在一个人头脑中的反映，如计算机的诞生，从而演绎出与计算机相关的职业，计算机工程师、软件工程师、计算机打字员等。2004 年 8 月国家劳动和社会保障部向社会发布第一批 9 个新职业以后，国家劳动和社会保障部又向社会发布第二批 10 个新职业，这批新职业为会展策划师、商务策划师、数字视频(DV)策划制作师、景观设计师、模具设计师、家具设计师、建筑模型设计师、客户服务管理师、宠物健康护理员、动画绘制员。这些新职业基本上都集中在现代服务业，主要是管理、策划创意、设计和制作。其特点是不仅要求从业人员有较高的理论知识素养，而且要求有较强的动手能力。

2. 职业理想的三大作用

(1) 导向作用。理想是前进的方向，是心中的目标。人生发展的目标是通过理想职业来确立，并最终通过职业理想来实现。因此，有了明确的、切合实际的职业理想，再经过努力奋斗，人生发展目标必然会实现。

(2) 调节作用。职业理想在现实生活中具有参照系的作用，它指导并调整着我们的职业活动。当一个人在工作中偏离了理想目标时，职业理想就会发挥纠偏作用，尤其是在实践中遇到困难和阻力时，如果没有职业理想的支撑，人就会心灰意冷、丧失斗志。此外，如果一个人只把自己的追求定位在找到"好工作"上，即便是将来有实现的可能，也不能算是崇高的职业理想。一个人只有树立正确的职业理想，无论在顺境或者在逆境，都会奋发进取，勇往直前。

(3) 激励作用。职业理想源于现实又高于现实，它比现实更美好。为使美好的未来和宏伟的憧憬变成现实，人们会以坚韧不拔的毅力、顽强的拼搏精神和开拓创新的行动为之努力奋斗。

连线职场

那么作为中职学生？我们应该怎样科学地认识职业呢？

对此，许多学生都会有各种各样的看法。教师在教学过程中，经常会问学生，你的职业理想是什么？经常有类似这样的回答，我想做的工作就是早上 10:00 上班，下午 3:00 下班，每个月工资 10000 元。据广州市天河区教育部门对 1200 名中职学生进行职业理想调查发现，33%的中职学生没有树立自己的职业理想或没有职业理想。在职业取向问题上，有 70%以上的学生向往高尚、体面、有钱的职业，仅有1.4%的学生首选职业技术工人。数据表明，中职学生崇尚对高薪职业的追求，不太愿意从事“蓝领”阶层的职业技术工作。这是对职业的一种误解。

职业其实就是社会的劳动分工。在劳动过程中，人们发现，社会分工及市场交换是创造和分配各种财富最有效率的手段。简单地说，就是社会上每个劳动者都从事自己最喜欢、最擅长的职业，然后在各种职业上创造的价值再通过市场交换以获得社会的肯定。所以，我们在考察各种类型的职业时，一定要考察它的职责是什么，需要什么样的能力素质及知识结构，需要我们在学业上做怎样的准备等，然后再看自己是否喜欢从事这一工作，自己是否有从事这一工作的潜力。如此，才能为我们将来顺利地确立职业理想、就业目标奠定较好的基础。

在对职业有了科学认识之后，还需要确定具体的职业目标，这就要对每一职业的职业内容（责、权、利）及它所需要的相关知识能力及素质有明确的认识，进而判断到底是否适合自己。

1. 了解自己

——你能做什么，最难看清楚的是自己。

青年学生更容易把自己放在很高的起点去观察我们的周围环境，思考我们的职业未来，甚至还想将来所从事的工作条件要比别人好一些，付出的劳动比别人少一些，拿的工资却要比别人高一些。显然，这种失去“自我”的职业憧憬是“空中楼阁”，是“水中月亮”，永远是可望而不可即的。只有从自身出发，从自己的所受教育、能力倾向、个性特征、身体健康状况出发，才能够准确定位，瞄准适合自己的岗位去不懈努力。

2. 了解职业

——并非所有的职业都适合你，也并非你能胜任所有的职业岗位。

每种职业都有与之相适应的职业能力要求，除了具备观察、思维、表达、操作、公关等一般能力之外，一些特殊行业还有特殊要求。对于会计、出纳、统计、建筑师等职业来说，从业人员必须具备很强的计算能力；与图纸、建筑、工程等打交道的工作，对空间判断能力的要求较高；对于图形的阴暗、线的宽度和长度能做出视觉上的区别和比较的人，就能够从事美术装潢等工作。因此，有选择地、有针对性地培养自己的能力，主动去适应并接受职业岗位的挑战是十分重要的。

3. 了解社会

——你所从事的职业的存在和发展与社会的需求是紧密联系的。

了解社会的需求是成功择业并就业的关键。了解社会主要是要了解社会需求量、竞争系数和职业发展趋势。

(1) 社会需求量。指一定时期职业需求的总量。这是一个动态的又相对稳定的数量。例如，有的职业有很高的社会名望，但需求量很少；有的职业不被多数人看好，但有发展前途，且需求量较大。

(2) 竞争系数。指谋求同一种职业的劳动者人数的多少。在其他条件一定的情况下，竞争系数越大，职业概率越小。社会地位高、工作条件好、工资待遇优的职业，想要谋取的人数多，相应的竞争系数就大。

(3) 职业发展趋势。指职业未来发展的态势。有些职业一时需求量大，竞争激烈，但随着社会的发展将日趋衰落；有些职业暂时处于冷落状况，但随着社会的发展会日益兴旺。

因此，加强对社会职业需求的分析和预测，了解社会职业岗位需求情况是极其重要的。

赢在职场

三个建筑工人的故事

一天，一位记者到建筑工地采访，分别问了三个建筑工人一个相同的问题。他问第一个建筑工人正在干什么活，那个建筑工人头也不抬地回答："我正在砌一堵墙。"他问第二个建筑工人同样的问题，第二个建筑工人回答："我正在盖房子。"记者又问第三个工人，这次他得到的回答是："我在为人们建造漂亮的家园。"若干年后，当记者再次找到这三个工人的时候，结果令他大吃一惊：当年的第一个建筑工人现在还是一个建筑工人，仍然像从前一样砌着墙；而在施工现场拿着图纸的设计师竟然是当年的第二个工人;至于第三个工人,记者没费多少工夫就找到了,他现在成了一家房地产公司的老板,前两个工人正在为他工作。

第一种人为了生存而干活,生活仅为了生存而奔波,也少了进取的乐趣!

第二种人有梦想,人生因梦想而伟大,可惜缺少远见!

第三种人有着远大的梦想,心怀梦想的人终有一天能变为现实。只有心怀远大的梦想,而且将自己全部热情投入到工作中去,才能使自己不断向前发展,迎来事业上的彩虹。

她有一个梦想

英格丽·褒曼18岁的时候,梦想在戏剧界成名。但是,她的监护人奥图叔叔却要她当一名售货员或者什么人的秘书。为此两人争执不下,奥图叔叔答应给她一次参加皇家戏剧学校考试的机会,如果考不上的话,就必须服从他的安排。为了能考上皇家戏剧学校,英格丽·褒曼还颇费了一番心思。一方面,她为自己精心准备了一个小品:表演一个快乐的农家少女,逗弄一个农村小伙子。她反复认真地排练这个小品。另一方面,在考试的前几天,她给皇家剧院寄去一个棕色的信封,如果失败了,棕色信封就退回来;如果通过了,就给她寄来一个白色信封,告诉她下次考试的日期。考试的时候,英格丽·褒曼跑两步在空中一跳就到了舞台的正中,欢乐地大笑,接着说出第一句台词。这时,她很快地瞥了评判员一眼,惊奇地发现评判员们正在聊天,相互大声谈论着。见此情景,英格丽·褒曼非常失望,连台词也忘掉了。她还听到评判团主席对她说:"停止吧!谢谢你……小姐。下一个,下一个请开始。"英格丽·褒曼听到这话后彻底失望了,她好像什么人也看不见、什么也听不见,在舞台上待了三十秒就匆匆下台。她感到自己唯一能做的一件事就是去投河自杀。她站在河边,准备结束自己的生命,当她的目光投到河面上时,发现水是暗黑色的,发着油光,肮脏得很。此时她猛然想到的是,等她死了以后,别人把她拖上岸后身上会沾满脏东西,还得咽下那些脏水。她又犹豫了:"唔!这样不行。"于是就放弃了自杀的念头,回家去了。第二天,有人给她送去了白信封。白信封?她有了白信封。她真的拿到了被录取的白信封。多年后,已成为明星的英格丽·褒曼碰见了那位评判员。闲聊之际,便问道:"请告诉我,为什么在初试时你们对我那么不好,就因为你们那么不喜欢我,我曾经想去自杀。""不喜欢你?"那位评判员瞪大眼睛望着她,"亲爱的姑娘,你真是疯了!就在你从舞台侧翼跳出来,一来到舞台上的那个瞬间，而且站在那儿向着我们笑，我们就转身彼此互相说着：'好了，她被选中了，看看她是多么自信！看看她的台风！我们不需要再浪费一秒钟了，还有十几个人要测试呐！叫下一个吧！'"

许多人一旦遇到困难或挫折，首先放弃的往往总是梦想。其实，一个人的梦想是与自己共存亡的东西，千万不可放弃。哪怕是置身于生死边缘的汪洋之中，只要还能抓住一块浮木，就在它上面写上"梦想"二字，只要还有生的希望，就应该让梦想和你生死与共。活着的话，梦想总有实现的时候。

创业先锋孔令韬：环保理念激发灵感

GSA(greener shanghai action)，这是由孔令韬发起的更绿色的上海行动。作为GSA成员，孔令韬的目标只有一个，那就是用头脑与双手去净化环境，无论经历怎样的挫折都不会放弃，坚持去实现GSA的梦想，用赤诚之心为祖国铸成一道绿色的长城。

GSA是一项针对日益严峻的垃圾处理压力，旨在向上海乃至全国推广一种新型垃圾分类理念的行动——通过新型循环再生的理念，以环保生活品换取可循环再生资源。其目的是提高人们垃圾分类的环保意识，为建设更绿色的上海、更绿色的中国而努力。值得一提的是，2010年世博会，上海提出了"城市，让生活更美好"的口号，针对当下备受瞩目的全球变暖问题，"更绿色的上海行动"将会为城市吹入一股清凉的绿色之风，对上海建设生态宜居城市和循环经济体系具有积极的公益意义和社会价值。

在孔令韬的创业路途中，既有理想又有蓝图，他给自己定了明确的计划，即在一两年内，通过各类大赛或企业投资，筹集10万元创业启动资金。在忙碌的创业准备中，他常会挤出时间去参加企业举办的各类大型交流会，或上网浏览创业者论坛。在这些场合，能遇到各色人物，甚至有些行业的领军人物也会来招揽贤才。对孔令韬来说，找到更多合适的商业伙伴，结交有识之士，才更为关键。

在孔令韬所策划的团队创意书中，可以清晰地看见GSA的执行流程：围绕社区、学校和政企办公机构三大板块，分别就电子废弃物、塑料瓶和纸张等亟待分类的垃圾开展公益创意行动，开办"绿色英雄账户""绿色未来账户""绿色种子账户"，每个单位拥有一个绿色账户，在执行各自的兑换准则后可换取一种绿色账户，相应换取布袋、文具和盆栽等环保生活品，以此向社会推广新型资源循环再生理念，从而起到保护环境、美化环境的效果。

孔令韬的秘诀在于他每次与人交流时，总会耐心地将别人所提的建议或好的想法记录下来，以拓宽自己的思路，寻求更多的商机。孔令韬正因有这样的好习惯，从而握住机遇，找到志同道合者。

职场演练

1. 判断下列行为是否是职业理想？

(1) 小刘的理想是挣够了钱周游世界。 (   )

(2) 小赵干的是会计工作，他希望自己能够成为一个奉献爱心的志愿者。 (   )

(3) 小王从参军入伍那天开始，就立志要当将军。 (   )

(4) 李某业余爱好摄影，成为一名专业摄影师是他的理想。 (   )

(5) 小王在某工地打工，他的理想是通过自学考试，获得大学文凭。 (   )

2. 议一议：乞丐、倒卖车票、商品传销、个人家务劳动等能称为职业吗？为什么？

3. 想一想：你的父母从事何种职业？这些职业有什么技术要求？

第二节 探索职业世界

决定经济向前发展的并不是财富500强，它们只决定媒体、报纸、电视的头条，真正在GDP中占百分比最大的还是那些名不见经传的创新型中小企业；真正推动社会进步的也不是少数几个明星式的CEO，而是更多默默工作着的人，这些人也同样是名不见经传，甚至文化程度教育背景都不高，这些人中，有经理人、企业家，还有创业者。

——彼得·德鲁克

心存梦想 不懈进取

2002年我在洛阳君山药业集团做营销副总经理时，有一位分管辽宁省区抚顺办事处的经理吕波，原来是黑龙江平川药业有限公司辽宁省区经理，因企业原因撤销辽宁省区销售办事处，他加盟洛阳君山药业。刚过半年时间，经过他的认真工作，取得了较好的销售业绩。一次在会上我表扬了他，按照当时的市场和人员结构，他还需干上一两年才有机会担任省区经理。会后，他主动找我交流，说："王总，我对您很信任，我想把我的职业生涯对您敞开，希望您能给我把把关，刻意地带一带我。"根据他的设想，计划用10年时间自己当老板，但是起步是当上黑龙江的省区经理。根据他的工作表现和自身的条件、能力，经过营销中心研究，随即调整了黑龙江省区经理人选，而他也在1年时间里从营销回款最落后的省区做到了前三名。他经过8年的奋斗，终于自己当上了老板。

这是一个有职业理想，又能把职业理想和阶段性目标结合，一步一步走向成功的典型案例。

在了解了职业的定义、功能与特征后，作为未来的从业者，还应进一步了解职业在国民经济发展中的地位以及它与行业、产业结构之间的关系，在此基础上了解当前的就业形势以及影响中职生就业的因素，为就业做好准备。

想一想，你最憧憬的职业是什么？应该如何实现自己的就业目标？

一、产业与职业

我国现有的职业种类异彩纷呈。任何一种职业都可以分属国民经济的某一产业和某一行业，职业类别也是以产业、行业类型为基础划分的。

产业是国民经济活动的最基本类型，是由社会分工而独立出来的、专门从事某一类别生产经营活动的单位的总和。国家统计局把我国产业分为三大类：第一产业包括农业、林业、畜牧业、渔业，简称农林牧渔；第二产业是指广义的工业，又可分为重工业和轻工业，包括制造业、采掘业、建筑业等；第三产业是指广义的服务业，也就是为社会公众提供社会性服务的非物质生产部门，包括流通部门、服务部门、教科文卫体育部门、机关团体等。

在社会分工中，第一和第二产业为物质生产部门，是第三产业发展的基础。第三产业为流通和服务部门，它虽然不直接从事物质生产，但可以促进整个社会和经济的发展。

职业存在于产业之中，每一种产业都包含着多种职业。其中，在三大产业中，第二、第三产业包含的职业最多。

二、行业与职业

行业是根据社会分工对产业的进一步细划，是根据单位所使用的加工原料、所产生的物品或提供服务的不同来表示的社会分工类别。根据国家有关部门颁布的《国民经济行业分类和代码》，我国国民经济划分为十六个行业大类，它们分属于三大产业。

我国国民经济的十六个行业类别为：①农、林、牧、渔业；②采掘业；③制造业；④电力、煤气和水生产供应业；⑤建筑业；⑥地质勘查业、水利管理业；⑦交通运输存储和邮电通信业；⑧批发零售贸易和餐饮业；⑨金融保险业；⑩房地产业；⑪社会服务业；⑫卫生体育和社会福利事业；⑬教育、文化艺术和广播电影电视业；⑭科学研究和综合技术服务业；⑮国家机关、党群组织和社会团体；⑯其他。

职业与行业之间相互交叉，一种行业当中包含着许多职业，同一种职业也可以存在于许多行业中。各种职业之间存在着密切的联系，它们共同推动着一个国家国民经济的正常运转，整个国民经济的分工体系正是由产业到行业再到职业这三个层次组成的，见表 1-1。

表 1-1 产业—行业—职业层次

产业层次	主要行业	典型职业
第一产业	农业、林业、渔业、畜牧业、采矿业	农民、林业工人、牧民、渔民等农林牧渔劳动者,管理人员和专业技术人员等
第二产业	制造业、水的生产和供应业、电业、燃气业、建筑业等	经营管理人员,如经理、生产主管、营销策划等;工程技术人员,如工程师、设计师等;技术工人;辅助人员,如保管员等
第三产业	除第一、第二产业以外的其他行业	经营管理人员、营业员、导游、律师、会计师、教师、医师、摄影师、美容师、厨师、服务员、维修技师、公务员等

三、现代职业的多样性与发展趋势

职业的大千世界可谓五彩缤纷。世界各国由于经济发展、社会生产力水平不同,职业种类也不相同。从美国、加拿大等发达国家的统计资料看,职业已达 2 万多种。我国的职业种类虽然远不及发达国家,但随着经济的发展,特别是受世界经济一体化的影响,职业的种类也在不断增加。根据劳动和社会保障部制定的《职业分类大典》,将我国职业分为八大类、66 个中类、413 个小类、1838 个细类(职业)。

1. 职业的种类

《中华人民共和国职业分类大典》所分八大类职业如下：

(1) 国家机关、党群组织工作人员、企事业单位管理人员。

(2) 各类专业、技术人员。

(3) 办事人员和有关人员。

(4) 商业与服务业人员。

(5) 农林牧渔业生产人员。

(6) 生产人员、运输人员和有关人员。

(7) 军人。

(8) 其他劳动者。

职业的种类与一个国家的经济、科学、社会发展密不可分,随着社会、经济发展和科技进步,新的职业不断产生。比如,房地产业、保险业、咨询服务业、金融投资业等都是在改革开放后产生和发展起来的,随之也就产生了一批如房地产和证券经纪人、评估师、理赔师、证券分析师、商务策划师、保险代理、专利代理、信息咨询师、职业指导师等职业。

2004 年,劳动和社会保障部首次发布了形象设计师、首饰设计制作员、锁具修理工、呼叫服务员、汽车模型工、汽车加油站操作工、水产养殖质量管理员、水生哺乳动物驯养师、牛肉分级员等9个新职业。同年12月,又发布了商务策划师、会展策划师、数字视频(DV)策划制作师、景观设计师、模具设计师、建筑模型设计制作员、家具设计师、客户服务管理师、宠物护理员、动画绘制员等第二批10个新职业。至2007年4月,共发布了9批96种新职业。

2. 职业的发展趋势

随着社会的发展和城市化的推进,第一产业的从业人数将加快向第二、第三产业转移,与第三产业有关的职业将得到继续发展,新的职业将不断产生,一些旧的职业会被淘汰。第三产业的发展规模,是衡量一个国家经济发展程度的重要标志之一。发达国家第三产业的产值占国民生产总值的比例在60%~70%,中等发达国家的比例也在50%以上,而我国目前刚刚超过48%。随着国家产业结构的调整,第三产业将有较大发展空间,提供的职业岗位会越来越多,很多新兴职业也将在这一领域出现。

据有关部门和专家预测,未来一二十年,我国热门的职业主要集中在以下十大类别:①信息产业类;②金融类;③经贸类;④建设类;⑤加工制造类;⑥科技类;⑦文化艺术教育类;⑧保健类;⑨服务类;⑩社会管理类。

想一想:你最憧憬的职业是什么?

连线职场

我国现阶段实行的是"双向选择"的就业方式,即个人和用人单位的相互选择。这就要求人们在择业时须树立正确的就业观。

1. 要形成"自找市场"的就业观

就业凭竞争,上岗靠技能。要确立"先求生存,再求发展"就业观。不要把"既舒适又赚钱"作为择业的必要条件,而要先找到岗位,融入社会,然后才能实现自身价值。

2. 要筛选和收集各类职业信息

择业时,根据筛选和收集的各类职业信息,并结合自己实际情况加以处理,使之更好地为自己的择业服务。一是要运用有价值的信息寻找适合自己的工作;二是要对照筛选出的信息找到自己的不足。

3. 要考虑影响择业的各种因素

当前影响中职生就业难的因素,除了中职教育培养的学生总体离单位要求还有一定的差距,学生的专业技能不高外,学生就业暴露出来的定位不准确,对待遇期望值过高是难就业的主要因素。在就业过程中，首先中职生没有把正自己的位置，没有清楚地认识到自己只是一名中职生，从事的职业及岗位应是生产第一线，所做的工作必须从最基层做起；其次，对自己的专业技能能力估计过高，通常刚出校门的中职生，所学的知识、技能是有限的，有很多工作岗位还是很难立即胜任的；再次，对待遇期望过高。因为专业技能有限，又缺乏实践经验，待遇较低是理所当然的。但有的中职生总认为外面的钱很容易赚，遍地是黄金，出去就能拿一千两千，一旦没有达到理想中的薪资，就开始抱怨，心理上就有一种落差，认为上当受骗了。

为此，在选择职业时，一要根据所学专业的具体情况择业；二要根据自己的学历层次择业；三要根据自己的学业成绩和综合表现择业；四要根据地域环境的特点择业；五还要做好遭受挫折的准备。在激烈的劳动力市场的竞争中，择业的成功和失败是并存的，机遇和挑战是同行的。因此，在择业时要做好遭受挫折的准备，不要因一时的挫折使自己陷入困境。

当然，求职不易，立业更难。就业不仅是求谋生，而且更要求发展。因此，当成功择业后就须热爱就业岗位，同时还要使自己尽快进入角色，适应职业岗位，如服从安排，主动工作，尽职尽责，这样才能使自己在较短的时间里适应工作岗位的需要。

赢在职场

废报纸里藏商机

安徽省的阜南县是我国著名的“柳编”之乡，在这里长大的王文忠很小就娴熟地掌握了这门手艺。1989年，29岁的王文忠离开了家乡，怀揣好不容易凑起的70元钱闯深圳，在这里他认识了香港荣信公司的老总赖培新，并到他的柳编公司当了技术员。

到新公司不久，一笔60万美元的大单找上了门。深圳当地的企业做不了，王文忠毛遂自荐，接下了大笔订单回到家乡组织农户加工。这次生意的成功，给王文忠打开了一扇全新的门。从此以后，他成了深圳柳编贸易出口界赫赫有名的人。然而，正当王文忠事业如日中天的时候，厄运却不期而至，2002年王文忠最大的客户“老母鸡公司”被法院裁定破产，该公司欠下王文忠的钱无力偿还，王文忠又成了彻底的穷人。

在一贫如洗的日子里，王文忠在深圳一小区做起了保安，保安的工资特别低，刚够吃饭，为了多挣点钱，空闲时他还捡起了破烂。有一次，他在一张废报纸上看到一则消息："近年来，由于欧美崇尚绿色环保，义乌等地用塑料等原材料生产的圣诞用品受到冷落，因此，当用天然材料生产的圣诞用品一经推出，立刻受到青睐……"

于是，王文忠决定东山再起。由于多年积攒的口碑，与王文忠合作多年的商家们纷纷向王文忠伸出援助之手。他回到家乡，创办了华宇工艺品有限公司。为了打开海外市场，王文忠指导编织户改变传统的编织套路，非常随意的编织，通过柳条的相互交叉，呈现出一个很文雅的名字叫做"意编"。意编的方法刚一推出，就受到欧美客户的哄抢。

想做到与众不同，只在工艺的改造上下工夫还不够，王文忠又打起了改造原材料的主意。于是，除了柳条以外，玉米皮，芦苇，树皮托等在农村遍地都是的废弃物，都被用在工艺品的编织上，柳编迎来了全新的时代。一时间，出口的产品种类层出不穷。

如今，王文忠从事柳编行业已经20多个年头，从一个打工仔变成腰缠万贯的老板，他的公司能生产以柳编为主的各类工艺产品有十大系列，6000多个品种，产品销往欧美等36个国家和地区，每年都上缴几百万元税金，还带动了6000多名农民通过柳编工艺产品的生产加工增收。

"机会从来是青睐有心人的，有时候，一张废报纸就能开拓一片广大的市场，关键在于你能不能发现，能不能把握！"王文忠每次回想自己的创业之路总是忍不住这样说。

因人施讲受欢迎

从一名普通的中职生迅速成长为"2007年上海十佳讲解员"、中共"二大"会址纪念馆宣教部主任。团市委等单位联合举办了优秀中职毕业生报告会，优秀毕业生尤玮向学弟学妹们介绍了自己的成才经历。

1998年中考，尤玮被上海市信息管理学校（原董恒甫职业技术学校）图书情报管理专业录取。和其他同学不同的是，尤玮没有丝毫的挫败感，她回忆道，考大学是为就业，读职校一样可以找到合适的岗位，与其郁郁终日说什么大志难酬，不如踏踏实实走好脚下的路。踏入中职校门的那一刻起，她便告诉自己，这里是一个新的起点，一样可以实现人生目标，只不过需要将自己的人生道路进行一点点调整。

2002年，鲁迅纪念馆需要招聘一位讲解员，前来应聘的学生都是一些名牌大学的学生，甚至还有多位研究生前来应聘。面试者需要现场讲解鲁迅纪念馆，并接受面试官的提问。此时，站在一旁做志愿者的尤玮胆怯地问道："可以给我一次面试机会吗？"现场的面试官说："可以啊，你试试吧！"声情并茂的讲解后，面试官决定，无须招聘本科生、研究生，破格招聘这位中职学生。

做了这么多年的讲解员，尤玮一直有一个习惯，随身带着一个小记录本，随时记录自己的最新收获和体会，遇到不懂的疑难问题，她也会第一时间写下来。每次讲解前，尤玮都会和参观对象进行简单的交流，了解参观者的年龄、职业等特征，'因人施讲'，每次讲解的讲解词各不相同。"参观者的年龄不同，领悟能力也不同。'因人施讲'可以调动参观者的参观兴趣。"尤玮回忆道，她曾经在上海市档案馆担任共产党员先进性事迹站的讲解员，接待街道工作人员参观时，她会重点介绍街道里的杰出党员代表；接待警察参观团时，她重点介绍优秀民警的事迹。讲解完毕后，尤玮会意味深长地说道："今天，我们在这里看到优秀党员的事迹，他们是我们千千万万党员的代表，也是我们其中的一员。通过我们日后努力，我们相信，明天，这里将会展示你和我的先进事迹。"话音刚落，雷鸣般的掌声响起……

半个小时的讲解，需要幕后十年功。尤玮不断严格要求自己：争做一位优秀的讲解员，既要有老师的风范，又要有艺术家的风采，还要有学者的底蕴。

成就源于坚持

30岁，已经成为百万富翁的李彦宏，本应该继续留在硅谷，进入IT公司做一名高级工程师，然而，他在30而立之年再次选择了离开。当李彦宏正在硅谷Infoseek公司利用自己的互联网搜索技术成为百万富翁的时候，中国互联网也在蓬勃发展。新浪、搜狐等门户网站已经成立，搜狐张朝阳也在国内大红大紫。但是中国互联网市场仍没有一家像样的搜索引擎公司，甚至很多人不知道搜索引擎为何物。

李彦宏看到了国内互联网发展的机会，他要利用自己的"超链分析技术"在中国做中文互联网搜索。李彦宏毅然放弃了美国的安逸生活，开始了创业之路，这一年李彦宏刚好31岁。

1999年，李彦宏怀揣着120万美元风险投资和一个中文搜索梦想回到了中国。1999～2003年的互联网正在演绎着互联网泡沫来临前的狂欢，门户网站、网络游戏、SP 公司等各种互联网形式在中国百花齐放，众多互联网公司的目的很简单，就是为了快速捞钱。

曾有人给李彦宏投资让百度做无线增值业务，李彦宏拒绝了。有员工建议李彦宏做网络游戏，李彦宏也拒绝了。他总是冷静地说："搜索要做的事情还很多，我们应该专注于互联网搜索领域，我看好它未来的增长。"当时李彦宏的决定被很多人认为是"傻子"，不懂得尽快捞钱。

然而几年过后，当中国互联网用户猛然增加到 3 亿，百度成功超越了谷歌成为中文搜索第一品牌的时候，曾经在无线增值业务上叱咤风云、日进斗金的"大佬"却无声无息了。李彦宏对互联网搜索的专注如一和坚持，让百度获得了丰厚的回报。

2005 年 8 月 5 日，百度成功登陆纳斯达克股票交易市场，上市目标发行价 27 美元，当日便直线冲破 150 美元，最后落定于 122.56 美元收盘，成为美国证券历史上 IPO 首日表现最佳的十大股票之一。百度的数百名员工也随之成为"百万富翁"，时年李彦宏 37 岁。

在 30 而立之年，李彦宏毅然选择回国创业，并将自己的所有精力都专注如一地投在了自己所爱好和擅长的互联网搜索行业，也因此将百度公司从 7 个人发展到 7000 人。这正是因为李彦宏能认真分析当今职业形势发展趋势，顺应时代发展的潮流，专注如一、激情百倍地将手头的事情做到极致的精神所致。

职场演练

从职业认知分析入手(包括行业分析、职业分析、地域分析、家庭环境分析)，结合自我认知(包括职业兴趣、个人特质、职业观、胜任能力、职业定位、专业能力、机会因素)等要求，在班级组织一次"我的理想"的演讲活动。

第二章　成功一定有计划

第一节　人生，因设计而美丽

未来不是固定在那里等你趋近的，而是要靠你创造。未来的路不会静待被发现，而是需要开拓，开路的过程，便同时改变了你和未来。

——约翰·夏尔

选择职业就是选择将来的自己。

——罗素

理智的螺旋式上升

日本著名企业家井上富雄先生在25岁立下未来25年的职业生涯计划，此后他每年都为自己制定新的计划，追加新的努力目标。当他还是小小办事员时就开始学习科长应具有的能力。于是他30岁当上经理，40岁做了总经理，47岁开始独立经营自己的公司，职业升迁比别人快得多，成为后生们学习的楷模。

他在总结自己时说："并不是我脑筋特别好或者善于走后门，我只不过会从现实出发拟定适合自己的职业生涯计划，并且一步步前进去实现它！"

像井上富雄先生那样，当你看准了一个发展的阵地，就可以制定自己的纵深发展计划，从底层奋勇地做上去，直至雁破长空。做一个有心人，经常思考自己的前途，策划每个阶段的发展模式，更不要因为虚度了几年光阴而放弃追求。当一个人开始有所计划，就永远都不会晚！

职场航标

21世纪，人们的职业视角逐步转移到重视未来、强调发展、缔造有意义的人生上来。进入中职，我们就已经站在了职业生涯的起跑线上。在职业生涯的起步阶段，认识自己的职业发展情形，规划自己的职业生涯，做好思想上、知识上、能力上的各种准备，迎接职场挑战，就显得尤为重要。

一、职业生涯和职业生涯规划

生涯是个人终其一生所扮演角色的整个过程，生涯的发展是以人为中心的。职业生涯，通常是指一个人在就业领域所经历的一系列岗位、工作或职业以及相关的态度、价值观、愿望等连续的过程。从广义上讲，它是人们在某一特定领域的发展轨迹，如教育生涯、艺术生涯等。

职业生涯规划是指一个人结合自身情况以及所处的环境和制约因素，为自己确立职业目标，选择职业道路，确定发展计划、教育计划，并为自己实现职业生涯目标而确定行为方向、行动时间和行动方案。职业生涯规划设计由分析发展条件、确立发展目标、构建发展阶段、制定发展措施四个环节组成，均着眼于职业生涯规划设计的核心——发展。

二、职业生涯规划的意义

1. 引导学生正确认识自我

有许多学生，对自己并不了解，尤其是不了解自身的优势和劣势。因此，在职业选择过程中具有比较大的盲目性和不切实际性。

通过有效的职业生涯规划，可以使学生认识到自身的个性特质、现有和潜在的资源优势，帮助学生认识自身的价值并使其持续增值；可以对自己的综合优势和劣势进行对比分析，着力培养某些职业特质；树立自己的职业发展目标和职业理想，从而能规划自己的学习与实践，并为自己获得自己认为理想的职业而去做各种准备；比较客观地评估自己的个人目标与现实之间的距离，运用科学的方法采取切实可行的步骤和措施，不断增强职业竞争能力，实现自己的职业目标与理想。

2. 帮助学生进一步了解社会

通常情况下，学生常常缺乏对社会、对外部职业资讯的了解。在职业生涯规划过程中，学生需要不断获得外部信息，这些信息包括职业、组织、社会等多方面。学生获得的外部信息越多，心理上的准备也就越充分，在规划自己未来发展的时候，就能够根据社会的需要，考虑眼前利益和长远发展的关系，合理地规划自己。

3. 增强学生的自信心

在诸多影响个人职业生涯成功的要素中，信心排在第一位。现代社会的“文凭热”，多少让中职生处于一种尴尬的境地，自信心也受到影响。职业生涯规划的过程，是学生不断学习的过程，随着知识的积累，接受培训和教育的增多以及对自己和职业工作认识的加深，自信心也就会逐渐建立起来。

4. 促成学生自我实现

面对人生的大舞台，每个人都渴望实现自我价值。美国心理学家马斯洛提出的著名的“需求理论”，指出人的需求由低级向高级层次推进：即从生理需求向安全需求、友爱和归属的需求、受尊敬的需求、自我实现的需求推进，而所有这些需求又必须通过职业生涯活动来实现。我们可以通过从事一份职业来获得生理、安全、友爱和归属、尊敬的需求，我们更是通过从事一份职业来发挥自己的潜能，体现自我价值。然而，有一份工作并不能保证我们实现所有这些需求，谁都希望能在自己的职业生涯中有所成就，但是成功仅有主观努力是不够的，还要看是否选择了正确的方向。因此，一份正确的职业生涯规划，能为实现自我价值创造机会并能够扬长避短，最终迈向成功。

一般来说，职业生涯规划制定的原则如下：

(1) 清晰性原则：考虑目标、措施是否清晰、明确，实现目标的步骤是否直截了当？

(2) 挑战性原则：目标或措施是否具有挑战性，还是仅保持其原来的状况而已？

(3) 变动性原则：目标或措施是否有弹性或缓冲性，是否能依循环境的变化而作调整？

(4) 一致性原则：主要目标与分目标是否一致，目标与措施是否一致，个人目标与组织发展目标是否一致？

(5) 激励性原则：目标是否符合自己的性格、兴趣和特长，是否能对自己产生内在激励作用？

(6) 合作性原则:个人的目标与他人的目标是否具有合作性与协调性?

(7) 全程原则:拟定生涯规划时必须考虑到生涯发展的整个历程,作全程的考虑。

(8) 具体原则:生涯规划各阶段的路线划分与安排必须具体可行。

(9) 实际原则:实现生涯目标的途径很多,在做规划时必须要考虑到自己的特质、社会环境、组织环境以及其他相关的因素,选择确实可行的途径。

(10) 可评量原则:规划的设计应有明确的时间限制或标准,以便评估、检查,使自己随时掌握执行状况,并为规划的修正提供参考依据。

连线职场

在漫长的人生旅途中,无论你是即将步入职场的新人,还是已经身在职场数十年,总会面临迷茫的选择:是就业还是择业;是寻求新的挑战还是继续稳定的工作。在初级人才过剩、高级人才奇缺的现实下,这类迷茫越发显著。实际上,这和缺乏明确的职业规划有很大的关系。而事实证明,拥有明确目标的人往往比缺乏目标的人更容易获得成功。

职业规划的八个要素,简称职业规划"天龙八部":

(1) 无论你现在或将来从事的职业是什么,对职业要负责这一点切切不可忘记。

(2) 切记和谐融洽的人际关系非常重要。

(3) 要优化你的交际技能。

(4) 要善于发现变化并适应变化。

(5) 要善于学用新技术。

(6) 摒弃各种错误观念。

(7) 选择就业单位时事前应多做摸底研究。

(8) 要不断开拓进取、不断开发新技能。

由于职业生涯是一个长期的过程,因此职业生涯的规划要根据自身目前情况制订出短期、中期、长期目标。实际上,职业规划的制订并不困难,很多人在有了明确的职业规划之后却没有达到既定目标,更多是因为没有持续性地执行,因此,首先要彻底执行短期目标,并将之养成一种习惯,才能达到最终的目的。总之,由于职业规划是一种预测性的行为,在执行过程中会涉及很多变化因素,如家庭因素、环境因素和角色变化等,因此规划必须有一定的余地。

有三个人要被关进监狱三年,监狱长给他们一人一个可以实现的要求。美国人爱抽雪茄,要了三箱雪茄进了监狱;法国人浪漫,要了一个美丽的女子相伴;而犹太人说,他要一部与外界沟通的电话。

三年过后,第一个冲出来的是美国人,只见他嘴里鼻孔里塞满了雪茄,他大喊道:“给我火,给我火!”原来,他忘记要打火机了。

接着出来的是法国人,只见他手里抱着一个孩子,那个美丽女子手里也牵着一个孩子,肚子里还怀着第三个。

最后出来的是犹太人,他紧紧握住监狱长的手说:“这三年来,我每天都与外界联系,我的生意不但没有停顿,反而增长了200%,为了表示感谢,我送你一辆劳施莱斯!”

什么样的选择决定什么样的生活,今天的生活是由三年前我们的选择决定的,而今天我们的选择将决定我们三年后的生活。

你对生命的看法和期待,大体决定了你会从生命中获得什么。没有职业的梦想,就没有事业的成功。凡事预则立,不预则废,一个人想在社会上立足,就必须要设计自己的职业生涯。

四只长大的、爱吃苹果的毛毛虫各自去森林找苹果吃……

第一只毛毛虫根本就不知道苹果树,没有目的,不知终点;没想过什么是生命的意义,为什么而活着。

第二只毛毛虫知道苹果树,找到了一个大苹果就扑上去大吃一顿,但它发现要是选择另外一个分枝,它就能得到一个大得多的苹果。

第三只毛毛虫知道自己想要的就是大苹果,并制订了一个完美的计划。这只毛毛虫应该会有一个很好的结局,但是真实的情况往往是因毛毛虫爬行相当缓慢,当它抵达时,苹果不是被别的虫捷足先登,就是苹果已熟透而烂掉。

第四只毛毛虫做事有自己的规划,它的目标并不是一个大苹果,而是一朵含苞待放的苹果花。它计算着自己的行程,结果它如愿以偿,得到了一个又大又甜的苹果,从此过着幸福快乐的日子。

第一只毛毛虫不知道自己想要什么,毫无目标,一生盲目,是没有自己人生规划的糊涂虫。遗憾的是,我们大部分人都像第一只毛毛虫那样活着。

第二只毛毛虫虽然知道自己想要什么,但不知道该怎么去得到苹果,在习惯的正确标准指导下,做出了一些看似正确却使它渐渐远离苹果的选择。而曾几何时,正确的选择离它又是那么接近。

第三只毛毛虫有非常清晰的人生规划和正确的选择，但目标过于远大而行动过于缓慢，要知道机会和成功不等人。

第四只毛毛虫不仅知道自己想要什么，也知道如何去得到自己的苹果以及得到苹果应该需要什么条件，然后制订清晰、实际的计划，一步步地实现自己的理想。

梦想是前进的指南针

20 世纪著名的探险家、英国皇家地理学会会员和纽约探险家俱乐部成员约翰·戈达德，8 岁时得到祖父送给他的一幅世界地图。15 岁时，写下人生的 127 项梦想：完成到尼罗河、亚马孙河和刚果河的探险；登上珠穆朗玛峰、乞力马扎罗山和麦金利峰；探访马可·波罗和亚历山大一世走过的道路；主演一部电影；驾驶飞行器起飞降落；写一本书；拥有一项发明专利；给非洲的孩子筹集 100 万美元捐款……有梦才有希望，有梦才有动力，52 岁时，约翰·戈达德经历了 18 次死里逃生，克服了难以想象的困难，实现了其中的 106 个愿望。我们相信，约翰·戈达德的另外一些梦想肯定也会不断实现。

索尼公司是日本著名企业，创办人是井深大和盛田昭夫。这两个人年轻时就产生创办实业的梦想，并立下宏愿，要开发出丰富多彩的视听设备，为改变民众的生活娱乐方式而努力。身边的朋友都认为他们是痴人做梦。直到 1946 年 5 月，这两人注册了“东京通信工业株式会社”，很多人还认为他们不会成功。1958 年，公司更名为索尼株式会社，两人的事业慢慢做大，周围的人不得不对他们刮目相看。六十几年过去了，如今的索尼公司已成为世界上民用电子、工业电子、信息技术产业及娱乐业等领域的先导企业，井深大和盛田昭夫年轻时的梦想早已成为现实。

苹果电脑公司 CEO 乔布斯也在他的职业生涯中几经起伏，虽多次被董事会罢免，但他始终忠诚于自己的梦想，以其天才的设计赢得了无数用户和同行的热爱、尊敬。

“心有多大，舞台就有多大”，这是中央电视台曾经做过的一个励志广告。它启示我们，人是有潜力的，当我们抱着必胜的信心去迎接挑战时，我们就会挖掘出连自己都想象不到的潜能。如果没有梦想，潜能就会被埋没，即使有再多

的机遇等着我们，也会错失良机。因为心中有梦想，我们才会执著于脚下的路，坚定自己的方向不回头，不会因为形形色色的诱惑而迷失方向，更不会被前方的险阻而吓退。趁年轻，带着梦想上路吧！

不懈的努力让理想成为现实

10多年前，车建新同另外两个小青年一起学习木匠手艺。有个小青年想着一辈子也只能做木匠了，就对付着混口饭吃吧；另外一个人想着要好好学，做个手艺不错的木匠，给家里多挣些钱；而车建新是这么想的：我现在是个学徒工，几年后我的手艺要超过师傅，最终成为优秀的艺术家。从1982年起，他们和同乡一道先后在江、浙、陕等地做家具等木工活。由于他们各自的目标不同，工作中的态度也不同，行为上也有所不同。遇到一块带结疤的木料，第一个小青年不管三七二十一就凑合用了，第二个小青年随手扔掉换好的木料，而车建新则把好料截下来使用，再把结疤精心雕刻成装饰品附在家具上。16年后，另外两个人还做木匠，只是手艺高低不同，而车建新则凭着他坚定的目标和不懈的努力，成就了自己的辉煌事业。

一个职场人要想成功，必须有远大的抱负和分阶段的目标。在现实工作中，当你明确自己的去向和实现目标时，什么困难啊、挫折啊，都会通通被你抛到脑后、踩到脚下，这个世界就会为你让路。有什么样的目标，就会拥有什么样的人生。也就是说，你想成为什么样的人，就会成为什么样的人；你不想成为什么样的人，你也绝对不会成为什么样的人。当然，光有目标还不行，还必须有科学的方法和勤奋的行动。只有目标，没有方法和行动，那是空想；只有方法和行动，没有目标，那是蛮干。

职场演练

苏东坡说过这样两句话："天下未有有其志而无其事者，亦未有无其志而有其事者。事因志立，志立则事成。""古之立大事者，不唯有超世之才，亦必有坚韧不拔之志。"结合自己的经历和对未来的设想，谈谈对这两句话的想法。

第二节　正确认识自我

认识自己，方能认识人生。

——苏格拉底

我能够取得今天的成就，与我从小就喜欢电脑是分不开的。回想起来，我不过是选择了自己喜欢的事，爱做的事。

——比尔·盖茨

职场故事

1984年，在东京国际马拉松邀请赛中，名不见经传的日本选手山田本一出人意料地夺得世界冠军。全世界的人都好奇他凭借什么取得如此惊人的成绩。后来他在自传中这么写道："每次比赛前，我都要把比赛的线路仔细看一遍，并把沿途比较醒目的标志画下来，比如第一个标志是银行，第二个标志是一棵大树，第三个标志是一座红房子……这样一直画到赛程的终点。比赛开始后，我就以一百米冲刺的速度奋力向第一个目标冲去，等到达第一个目标后，我又以同样的速度向第二个目标冲去。40公里的赛程，就被我分解为几个小目标轻松地跑完了。起初，我并不懂得这样的道理，我把我的目标定在40公里外终点线的那面旗帜上，结果我跑到十几公里时就疲惫不堪了，我被前面那段遥远的路程给吓倒了。"

社会犹如一条船，每个人都要有掌舵的准备。当今社会是一个充满机会和选择的时代，如果能正确认识自我，周全地进行规划，我们离自己的目标就会越来越接近。

职场航标

兴趣可以培养，性格可以改变，能力可以提高。每个人都有自己的潜能，只要挖掘出来，并付出努力，就能主动适应职业对从业者的个性要求，就能有一个成功的职业生涯。

一、我的职业兴趣

兴趣是一个人积极探究某种事物的心理倾向。如果对自己的职业有浓厚的兴趣,就会在学习和工作中积极探索、刻苦钻研,最大限度地发挥自己的聪明才智,使自己的职业生涯得到更快发展。

当人们的兴趣指向某一职业时,就形成了职业兴趣。职业兴趣是一个人探究某种职业或者从事某种职业活动所表现出来的特殊个性倾向,它使个人对某种职业给予优先的注意,并具有向往的情感。

有关研究资料表明,如果一个人对他所从事的工作不感兴趣,他在工作中只能发挥其全部才能的20%～30%,而如果一个人对他的工作有兴趣,他就能发挥出其全部才能的80%～90%。因此,在考虑自己未来发展方向时,要尽可能在所学专业对应的职业群中,选择自己感兴趣的职业作为自己的发展方向。

二、我的职业性格

性格是一个人在对待客观事物和社会行为方式中所表现出来的比较稳定的个性心理特征,即一个人对事物的稳定态度和与其相适应的习惯化了的行为方式,性格分为外向型、内向型、中间型三类。

性格对职业生涯发展有影响,让类似"张飞"性格的人去做文员,一定会让上司头痛;让类似"林黛玉"性格的人去开拓市场,业绩肯定不太理想。同样,不同的职业也要求从业者具有与之相适应的职业性格。职业性格是人们在长期特定职业生活中所形成的与职业相联系的比较稳定的心理特征。

事实上,大多数人兼有多种类型的职业性格,只不过有的占主导地位,有的占次要地位。同样,每一种职业要求从业者具有的性格类型也不是一种。

三、我的职业能力

能力是直接影响人们活动效率,保证人们顺利完成某种活动所必需的个性化心理特征。

职业能力是在学习活动和职业活动中发展起来的,直接影响职业活动效率,使职业活动得以顺利完成的个性化心理特征。它分为一般职业能力和特殊职业能力。

1. 一般职业能力

一般职业能力指人们从事不同职业活动所必需的共有职业能力,包括观察力、记忆力、想象力、注意力和思维能力等,这些都是不同职业所必需的能力。

2. 特殊职业能力

特殊职业能力指人们从事某一特定职业所必须具备的特殊的或较强的能

力。比如,教师、作家需要较强的语言表达能力;建筑师和艺术家更需要空间判断能力等。

职业能力是在长期的职业活动实践中逐渐形成的,通过自身的努力可以不断提高。作为学生的我们应根据自己择业目标的要求,珍惜在校期间的学习,努力学习文化专业知识,加强专业技能训练,增强科技意识,有意识、有计划地提高自身的职业能力。

总之,兴趣、性格、能力等方面能否符合职业要求,既是求职者择业时要考虑的因素,也是用人单位甄选人才时十分重视的条件。中职生处于青年时期,可塑性强,应努力提升自身素质,主动适应职业要求。

连线职场

一、兴趣与择业

(1) 喜欢同具体事物打交道,而不喜欢与人打交道,可以选择诸如制图、勘测、工程技术、建筑、机器制造、出纳、会计等工作岗位。

(2) 喜欢与人交往,对销售、采访、传递信息一类活动感兴趣,则相应的工作岗位有记者、推销员、服务员、教师、行政管理人员等。

(3) 愿意干有规律的工作,特别喜欢按常规、有规律、有秩序地进行活动,习惯于在预先安排好的程序下工作,则相应的工作岗位有邮件分类、图书管理、档案整理、办公室工作和打字、统计等。

(4) 乐于助人,喜欢从事社会福利和助人工作的人,相应的工作岗位有律师、咨询员、科技推广人员、医生、护士等。

(5) 喜欢掌管一些权力,希望受到众人尊敬和获得声望,希望在企业单位中起重要作用,则可考虑充任行政官员、企业管理干部、学校班主任、辅导员等。

(6) 对人的行为举止和心理状态感兴趣,喜欢研究人的行为,谈论人的问题,那么相应的职业有心理学、政治学、人类学等研究及教育、行为管理等研究人、管理人。

(7) 如果喜欢从事科学技术事业,对分析、推理、测试等活动感兴趣,长于理论分析和独立地解决问题,也喜欢通过试验获取新发现,那么相应的职业有生物、化学、工程学、物理学、地质学等。

(8) 如果喜欢抽象的创造性的工作,对需要想象力和创造力的工作感兴趣;或者喜欢独立地工作,对自己的学识和才能颇为自信,长于解决抽象的问题,而且喜欢了解周围世界,则相应的职业有社会调查、经济分析、各类科学研究和化验、新产品开发等。

(9) 如果对运用一定的技术去操作各种机器、制造新产品等感兴趣，喜欢具体的不是抽象的东西，如喜欢使用工具、机械等，特别是喜欢大型的、先进的机器，则相应的职业有各种驾驶员、机器制造、建筑、石油、煤炭开采等。

(10) 如果喜欢从事具体的工作，希望能很快看到自己的劳动成果，愿意做能看得见、摸得着的产品制作工作，并从完成的产品中得到满足，则相应的职业有室内装饰、园林、美容、手工制作、机械维修等。

二、性格与择业

一位瑞士心理学家的划分对我们不无帮助。这位心理学家把人的性格分为四类，认为每一类性格都有与之相适应的职业范围。

第一类：敏感型。

这类人精神饱满，好动不好静，办事喜欢速战速决。但行为常有盲目性，有的情绪不稳定。这类人最多，约占 40%。职业范围为运动员、行政人员及一般性职业。

第二类：情感型。

这种人感情丰富，喜怒哀乐溢于言表，不喜欢单调生活，爱刺激、爱感情用事，对新事物很有兴趣。这类人约占 25%。合适的职业范围有演员、导演、活动家、护理人员等。

第三类：思考型。

这类人善于思考，逻辑思维发达，有较成熟的观点，生活、工作有规律，时间观念强，重视调查研究的精确性。但有时思想僵化，缺乏灵活性。这类人约占 25%。合适的职业范围有工程师、教师、财务人员和数据处理人员。

第四类：想象型。

这类人想象力丰富，憧憬未来，喜欢思考问题。有时行为刻板，不易合群。这类人约占 10%。比较合适的职业范围有科学工作者、发明研究人员、艺术工作者及作家。

三、能力与择业

数学能力是从事科技工作不可缺少的能力。培养数学能力，除了一般的思维能力外，还需具备如概括能力、运算能力和正逆运算的灵活性等。从事音乐工作，除了需要鲜明的想象力、记忆力和情感等一般能力外，还需具备曲调感、听觉表象和节奏感等音乐感受能力。从事绘画工作，苏联心理学家 B.N · 其列扬科通过实验研究认为必须具备以下几种能力：对对象结构的知觉及表现能力;对物体空间位置的敏锐、完善的知觉和表象能力;对物体亮度比值的评定以及色调的知觉和表象能力;与绘画方法、技术有关的手的精确动作能力等。

赢在职场

著名的数学家陈景润

著名数学家陈景润曾经当过中学数学老师,但不太受学生欢迎。因为他的口头语言表达能力较差,人际交往能力和组织管理能力也不强。但他的学习能力极强,有超常的记忆能力、注意能力、想象能力、算数能力和高于常人的逻辑思维能力。这种能力特征,使他能成为攀登科学高峰的数学家。

闻名全国有绝技的售货员

北京市百货大楼优秀售货员张秉贵,以"一团火"的精神为顾客服务。他苦练基本功,锻炼出良好的语言表达能力、眼手协调能力、手指灵活能力和心算能力,做到在连续作业时,平均50秒钟接待一位顾客,成为全国劳动模范。他发明了"接一问二联系三"的工作方法,即在接待一个顾客时,便问第二个顾客买什么,同时和第三个顾客打好招呼,做好准备。他在问、拿、称、包、算、收六个环节上不断摸索,接待一个顾客的时间从三四分钟减为一分钟。他采取了"一抓准"的方法,能抓准分量,顾客要半斤,他一手便能抓出5两;"一口清"则是非常神奇的算账速度。遇到顾客分斤分两买几种甚至一二十种糖果,他也能一边称糖一边用心算计算。经常是顾客要买多少的话音刚落,他就同时报出了应付的钱数。

不同职业对从业者的能力要求不同。具有符合职业要求的能力,是职业生涯发展得以成功的重要保证。对职业的热爱,能促使从业者锻炼出超乎常人的职业能力。

世界级文学大师卡夫卡不一样的成长之路

他出生在捷克布拉格的一个犹太商人家庭,从小性格孤僻,沉默寡言,懦弱胆怯,多愁善感,总喜欢一个人躲在角落里发呆。父亲对他很不满意,觉得这不是一个男子汉应该具有的性格。父亲片面地认为,只有那些活泼开朗、能言善辩、坚强勇敢的人,将来才会有出息。为了把他培养成这样的人,父亲煞费苦心,拿着皮鞭把他从家里赶了出来，逼着他与人交往，让他做自己不喜欢做的事情。

刚开始，他很难过，试图去改变自己，做一个让父亲喜欢的好儿子。可是，正如人们所说的那样“江山易改，本性难移”，无论他怎么努力，始终无法战胜内心的怯弱，做到口若悬河，当机立断，英勇神武，奋不顾身。与其他同伴相比，他发现自己是那么的格格不入，那段时间，他自卑到了极点，觉得自己一无是处。

父亲的严厉和粗暴非但没能改变他，反而令他更加恐惧和不安，变得比以前还要懦弱、胆小。在父亲一次次的伤害中，他学会了察言观色，学会了承受和忍耐，也体会到了生活的痛苦与无奈。他常常把自己一个人关在屋子里，小心地审视着周围的一切，生怕再受到任何的伤害。看到他这副没出息的尊容，父亲彻底失去了信心，索性不再管他，任他自生自灭。在父亲的眼里，他是一个彻头彻尾的懦夫，一个毫无前途可言的可怜虫。

就这样，在困惑与伤痛中，他一天天地长大成人，性格还是没有丝毫的变化，内向，怯弱，多愁善感。但出人意料的是，他并非像父亲想象的那样无能，18岁时就考入了布拉格大学，并获得了博士学位。

更令人震惊的是，一次偶然的机会，他走上了文学创作的道路，他把对生活的敏感，怯懦的性格，孤僻忧郁的气质，难以排遣的孤独和危机感，无法克服的荒诞和恐惧，融入到小说之中，形成独特绚丽的风格，成为那个时代资本主义社会的精神写照。他的《变形记》、《判决》、《城堡》等作品享誉全球，经久不衰，成为奥地利最负盛名的作家，被誉为“西方现代派文学的宗师和探险者”，他就是世界级文学大师、现代派文学的开山鼻祖弗兰兹·卡夫卡。

卡夫卡的成功告诉我们，有些东西无法改变。比如，性格、容貌、高矮等，对于这些与生俱来的缺陷，我们没有必要去改变它（当然也无法改变），更不要为此懊恼和自卑。每个人都有自己的优点，但也都有自己的缺陷，与其抱怨上天对自己的不公，不如去寻找一片适合自己生长的土地。天地之宽，社会之大，只要你肯用心，无论你是一朵什么样的花，都会有一个完美的春天。

职场演练

网上测试：个人的职业兴趣、职业性格和职业能力。

两三人一组，上网用搜索引擎寻找免费的职业兴趣、职业性格、职业能力自测表，测试表要使用方便，能自动显示自测结果，并适合中职生测试。用选出的测试表测试自己的职业兴趣、职业性格和职业能力。

第三节 我要做自己明天的主人

目标管理的最大好处是,它使管理者能够控制他们自己的成绩。这种自我控制可以成为更强烈的动力,推动他尽最大的力量把工作做好。

——巴纳德

有些人活着没有任何目标,他们在世间行走,就像河中的一棵小草,他们不是行走,而是随波逐流。

——小塞涅卡

职场故事

思想走多远,行动就能有多远

一个10多岁的穷小子立志要做美国总统。如何能实现这个宏伟的抱负呢?年纪轻轻的他,经过几天几夜的思索,拟定了一系列的连锁目标。

做美国总统首先要做美国州长——要竞选州长必须得到雄厚的财力后盾的支持——要获得财团的支持就一定得融入财团——要融入财团必须先成为名人——成为名人的快速方法就是做电影明星——做电影明星前得练好身体,练出阳刚之气。

按照这样的思路,他开始步步为营。某日,当他见识到体操运动主席库尔的风采后,他相信练健美是强身健体的好点子,因而萌生了练健美的兴趣。他开始刻苦而持之以恒地练习健美,他渴望成为世界上最结实的壮汉。三年后,凭借着发达的肌肉,他囊括了欧洲、世界、全球、奥林匹克的"健美先生"称号。22岁时,他踏入了美国好莱坞。在好莱坞,他花费了10年时间,一心去表现坚强不屈、百折不挠的硬汉形象,终于在演艺界声名鹊起。当他的电影事业如日中天时,女友的家庭在他们相恋9年后,也终于接纳了这位"黑脸庄稼人"。他的女友就是赫赫有名的肯尼迪总统的侄女。

婚姻生活恩爱地过去了十几个春秋。他与太太生育了四个孩子,建立了一个典型的"五好"家庭。2003年,年逾57岁的他,告老退出了影坛,转为从政,成功地竞选成为美国加州州长。他的下一个目标就是美国总统。

从这个职业规划案例可以看出:职业规划制定得越早、步骤越详细,越能尽早实现自己的梦想。不管这个目标的实现有多么艰难、现实和理想之间相差多远,只要自己有恒心、有切实可行的细致计划,并一步一个脚印踏踏实实地去完成,就一定能实现心中远大的理想。

他就是阿诺德·施瓦辛格。他的经历让人记住了这样一句话:思想有多远,我们就能走多远。

想一想:阿诺德·施瓦辛格的人生目标是什么?他是如何实现这一目标的?你从阿诺德·施瓦辛格实现人生目标的经历中获得了哪些启示?

职场航标

对于中职生来说,设计一个成功的职业生涯规划很重要。

一、分析发展条件

职业理想应该是务实而不是虚幻的,高不可攀、可望而不可即、脱离自身条件的目标是没有激励价值的目标,是空想而不是理想。自身条件是确立目标的重要依据,“知己、知彼”方能百战百胜。

1. 知己

(1) 认识自己,对自己有一个全面客观的认识。在职业生涯设计的过程中,应该从职业需要的角度去衡量自身条件,充分把握个性在内的各方面的自身条件。自身条件不仅仅在于个性,还有身体条件、心理性格、客观环境等多种因素。客观地认识和审视自己,发现自己的所爱、所想、所适、所能、所重、所需,确定了自己的位置,才能确定自己的目标和行动。

“知己”不但要了解“现在的我”,更要预测“明天的我”。这种预测,不是胡思乱想,而是在现有的基础上,通过努力预计可能达到的某种程度。

(2) 读懂职业,对自己想从事的职业进行深入综合地分析,认识这些职业有哪些要求和特点。务必了解自己目标职业的学历要求,所需的专业训练、能力、身体、年龄、性格特点等要求,同时弄清楚职业的性质、工作环境以及进一步发展的空间,当然还要考虑到就业竞争机会等。

2. 知彼

“知彼”主要是分析内外环境因素对自己职业生涯发展的影响,每一个人都处在一定的环境中,离开了一定的环境,便无法生存和成才。所谓“时势造英雄”,说的就是环境对人的作用。

个人所处的环境包括家庭条件、所在地区社会经济发展状况、就业环境和职业、行业发展前景及变化趋势。个人所处的家庭以及所在地区的就业环境，往往制约理想的实现。经济、文化、科技、教育发展的不平衡，导致明显的地区差异，不同地区意味着不同的个人发展机会。分析自己所处的环境和变化趋势，是确定目标的重要内容。

二、确立发展目标

在了解自己的基础上选准适合自己的发展方向，明确具体的发展目标，及时抓住机遇，扬长避短地发展自己，在职业生涯发展的道路上就会比较顺利。

1. 职业生涯发展目标的构成

职业生涯发展目标，分为长远目标和阶段目标。

确定长远目标是职业生涯规划的关键环节，其他环节全围绕长远目标的确定展开。分析发展条件是确定长远目标的准备工作，构建发展台阶、制定发展措施是为长远目标服务的。

长远目标的实现，需要经历一个个阶段目标。阶段目标搭建是否合理，既是长远目标能否实现的必要前提，也是衡量职业生涯规划设计优劣的重要指标。有效的职业生涯规划，需要将长远目标与阶段目标相结合，以排除不必要的犹豫和干扰，全心致力于目标的实现。最后获得成功的人，都有明确的职业发展目标，有锲而不舍的劲头，不会为一时的风吹草动所左右。

确定目标的依据有两个方面：一方面是从宏观上看的社会经济发展实际需要和个人所处的就业环境以及从微观上看的职业对从业者素质的要求；另一方面是“现在的我”和“明天的我”。忽略了任何一个，都会影响目标的正确选择。

2. 职业生涯发展目标的调适

计划不如变化快，目标是可以调适的。影响职业生涯设计的因素很多，有的变化因素是可以预测的，而有的变化因素难以预测。要使职业生涯规划行之有效，就须不断地对职业生涯规划进行评估，修正职业生涯目标、职业生涯策略和方案，以能适应环境的改变，并可作为下轮职业生涯设计的参考依据。职业生涯规划是个动态的过程，成功的职业生涯设计需要时时审视内外环境的变化，经常关注职业发展动态，适当调整职业发展方向。目标的存在只是为你的前进指示一个方向，而你是它的创造者，你可以在不同时间不同环境下更改它，让它更符合你的理想。

连线职场

对职场人士来说，职业规划就是个人发展的一盏指路之灯，让我们清楚自己未来的路与方向。在竞争激烈的现代社会,一个人越清楚了解自身的资源与优势,明白如何根据个人核心优势去制定未来发展道路,他必然更容易成功地实现梦想。

1. 自我盘点

通过对自己的兴趣、性格、能力、价值观、需求的分析(表 2-1),确定自己的职业目标,并将结果在小组内与同学充分交流。

表 2-1　自我盘点一览表

兴趣(我喜欢做什么)	
性格(我适合做什么)	
能力(我擅长做什么)	
价值观(我应当做什么)	
需求(我想要做什么)	

将我的职业目标填入下框中。

2. 现状评估

在确立发展目标的过程中评估有哪些因素对自己产生影响:

家人、好友方面:______

老师、学校方面:______

经济条件方面:______

行业发展方面:______

就业环境方面:______

3. 个人职业生涯规划的 SWOT 分析法

SWOT 分析法又称为态势分析法,SWOT 分析是一种功能强大的分析工具,是检查你的技能、能力、职业、喜好和职业机会的有用工具。通过它,你会很容易知道自己的优点和弱点在哪里,并且你会仔细地评估出自己所感兴趣的不同职业道路的机会和威胁所在。SWOT 所代表的含义:Strengths(优势)、Weaknesses(劣势)、Opportunities(机会)、Threats(威胁),其中,S、W 代表内部因素,O、T 代表外部因素。

一般来说,对自身的职业及职业发展问题进行 SWOT 分析时,应遵循以下四个步骤：

（1）评估自己的长处和短处。

我们每个人都有自己独特的技能、天赋和能力。设计一张表，并在表中列出你喜欢做的事情和你的长处所在，列出自己不喜欢做的事情和你的弱势。列出你认为自己所具备的很重要的强项和对你的职业选择产生影响的弱势，然后再标出那些你认为对你很重要的强势和弱势。

（2）找出你的职业机会和威胁。

不同的行业会面临不同的外部机会和威胁，找出这些外界因素很重要，它将有助于你成功地找到一份适合自己的工作。因为这些机会和威胁会影响你的第一份工作和今后的职业发展。列出你所感兴趣的一两个行业，然后认真评估这些行业所面临的机会和威胁。

（3）提纲式地列出你的职业目标。

仔细地对自己做一个“SWOT分析”评估，列出你从学校毕业后最想实现的职业目标，你必须竭尽所能地发挥出自己的优势，使之与行业提供的工作机会完美匹配。

（4）提纲式地列出一份今后的职业行动计划。

详细地说明为了实现这一目标，你要做的每一件事以及何时完成这些事。如果你觉得你需要一些外界帮助，请说明你需要何种帮助和你如何获取这种帮助。

当然在做了 SWOT 分析之后，制订一个为未来而奋斗的计划是最为关键的。

赢在职场

她选择了先升学

小文进入职业学校学习文秘专业。由于中考失利，她很自卑。有一次学校举行主持人大赛，班主任极力推荐她参加比赛。通过老师辅导、同学帮助、自己刻苦练习，小文取得了第一名的好成绩，自信的笑容重新回到她的脸上。

从此，小文积极参加学校举行的各项活动，演讲比赛、朗诵比赛都有她的身影，她还成为学校广播电台的播音员。所有编辑、播音工作都要在课余时间进行，虽然很累，但她坚持下来了，而且学文化课、专业课时也变得劲头十足了。

快毕业时，她面临先就业还是先升学的选择。考虑到父母有稳定的收入，希望她能继续深造。而且进中职后潜能得以发挥，学习有明显进步，对升学有把握。于是，她下决心选择了先升学、后就业，并为此制订了周密的计划。毕业后，她果然考上了高职，而且经过竞选担任了学生会学习部部长、广播电台台长，被当地电台聘为“校园论坛”节目主持人。

高职毕业后，她被一家博物馆聘用，当上了解说员。由于工作认真，表现突出，在业务考核中名列前茅，在演讲比赛中多次获奖，她被安排专门接待来馆参观的中央领导人，连年被评为优秀工作者。

既要从现实出发，又要看到自己进入中职后已经和可能发生的变化，只有这样才能做出正确的选择。

择己所长　成就不凡

世界头号投资大师巴菲特，小时候是一个内向而敏感的孩子，无论在学习成绩还是在生活中的表现，巴菲特与一般孩子毫无区别，甚至还不如人家。许多人都嘲笑巴菲特行动、思维缓慢，但巴菲特却将这一弱点转化为自己最大的优点——耐心；同时，他还发现自己对数字有天生的敏感，并对其充满了兴趣。

在27岁之前，巴菲特尝试过无数的工作，做销售、充当法律顾问、管理一家小厂，但最终他结合自己的优点——耐心、对数字敏感，将自己的职业发展转向成为一名投资家。在明确的职业规划引导下，巴菲特拒绝许多外来的诱惑，也忍受住许多压力，坚定不移地按着自己的职业发展道路前进，最终成就一番惊人的成就。

职业规划最大好处就在于，帮助我们将个人梦想、价值观、人生目标与我们的行动策略协调一致，除去其他不相关的旁枝末节，整合个人最大的优势与资源，从而向着终极目标快速前进，而这正是我们取得成功的重要保证。

职场演练

提前与未来相遇——绘制我的职业生涯列车图：

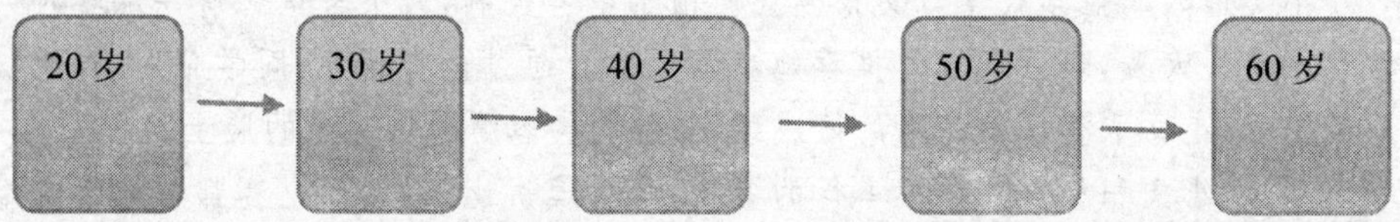

以现在的“我”为起点，假设我们一起坐上职业生涯列车，穿梭在时光隧道里，来到未来世界。在你20岁、30岁、40岁、50岁、60岁时，设想一下你会在哪家公司、哪个岗位、什么位置、做着什么样的工作？在人生旅途中，你的列车可以暂时晚点，但不能总是晚点。晚点两三次之后，那你的一生就到达不了预定的终点。

第四节　我的生涯我做主

忘掉今天的人将被明天忘掉。

——歌德

要有生活目标:一辈子的目标,一段时期的目标,一个阶段的目标,一年的目标,一个月的目标,一个星期的目标,一天的目标,一个小时的目标,一分钟的目标。

——列夫·托尔斯泰

职场故事

詹姆士的启示

詹姆士年轻的时候除了拳击之外,没有别的生存技能,但是拳打得又不好。每一次在拳击台上,不被对手直接打倒就算好运了,所以靠拳击为生的他也不能赚到更多的钱。经济危机来临,整个美国处于大萧条状态。没有多少积蓄的詹姆士一家五口,挣扎在生活的死亡线上。如果詹姆士想让妻子和孩子活命,他就必须要赚到钱。对于没有其他技能的詹姆士来说,唯一能赚钱的本事就是拳击。所以,最后这个从前屡战屡败、许多年没有锻炼的人,为了能够让家人活下去,决定重新回到拳击场。

这一次,走上拳击场的詹姆士仿佛变成了另外一个人,曾经战胜过他的许多对手,这次却纷纷倒在了他的面前,詹姆士拿到了丰厚的奖金,并夺得了拳王称号!在记者招待会上,有人问詹姆士,为什么这一次会如此神勇,与年轻时候的他判若两人?詹姆士轻声说:“因为,我的心里清楚地知道,自己要什么!”当记者追问他想要什么的时候,他简单地说出了几个字:“牛奶和面包!”

詹姆士获得成功的原因:知道自己要什么;他清楚自己要的是“面包和牛奶”,为实现自己的明确目标,他仿佛变了一个人,因而他拥有了比面包和牛奶更多的财富。

职场航标

在知己知彼的基础上，我们确定了职业发展的目标，只有将人生的大目标、大方向和大策略分解成人生不同发展阶段的阶段目标及其具体实现措施，整个职业生涯设计才能初步完成。

一、规划发展阶段

职业理想既应该有远期的目标，也应该有近期的具体目标。列宁说过："要向大的目标走去，就得从小的目标开始。"远期的目标，不可能一蹴而就，需要努力攀登一个个的阶梯，才能到达理想的顶峰。因此，职业生涯规划中要有一个个具体的阶段目标。

对于中职生来说，除了科学合理地规划职业生涯发展的远期目标外，更应该关注阶段性目标。古人说："千里之行，始于足下"，只有从具体的一个个阶段目标出发，才能一步一个脚印地前进。因此，制定阶段目标时需要注意以下几点：

1. 目标必须"跳一跳"才能获得

"跳一跳"，即必须为之付出努力，必须为之拼搏，不是轻而易举能达到的。

中职生在制定阶段目标时，不能把目标定得太高，太高了，经过努力拼搏完成不了，就会有挫败感，容易产生悲观情绪而失去信心，从而放弃目标。阶段目标也不能定得太低，太低了，目标容易达到，可太容易得到的东西就不会珍惜，也不知道珍惜。因此，中职生在制定阶段目标时，要从"跳一跳"就能达到目标开始。

2. 目标要切合实际

阶段目标通过努力能达到，可望又可及，不能脱离自身条件，不能脱离社会现实。

天上的彩虹很美，如果让我们把它摘下来，这是不可能实现的。制定阶段目标，不能把某种不切实际的欲望当做要付诸行动的目标；否则，这样的目标必定指向失败。

中职生在制定阶段目标时，要根据阶段目标对职业能力、思想品质、日常行为习惯等方面的要求，制定与自身兴趣、性格、能力等个性特点相匹配的目标。脱离自身条件，脱离社会现实的目标是不可能达到的。

3. 目标要具体、明确

阶段目标要十分具体，不仅要表明需完成的任务、所能达到的状态，还要列出措施，并保证措施明确、得当、可操作性，切忌空洞、不着边际。

中职生在制定阶段目标时，要有比较明确的时限，或者 3～5 年，或者 1、2 年，如果没有具体明确的要求，就等于没有目标。只有具体、明确并有时限的目标才具有行动指导，才会有激励的价值。

阶段目标是实现职业理想的重要保证，而各阶段目标之间的关系应该是阶梯形的，前一个目标是后一个目标的基础，后一个目标是前一个目标的方向，所有的阶段目标都指向远期目标。

二、制定发展措施

目标变成现实，需要为之付出实实在在的努力。围绕目标的实现，制定具体措施，并有时间安排，这是职业生涯设计的重要内容。

1. 措施的三个要素

实现目标的措施有三个要素：任务（含方法）、标准和时间。具体措施是根据“现在的我”变成“明天的我”之间的差距制定的措施，不但应该有实现目标的具体任务（含方法），而且要有完成任务的标准。时间安排包括两个方面：一是什么时候达到这个目标，即目标的实现应该有期限；二是什么时间落实达到目标所采取的各项措施，即完成任务的时间落实。

2. 措施的三个制定要领

职业生涯发展措施的制定要领有三点：即措施必须是具体的、可行的、针对性强的。“具体”强调措施的内容要实在，清晰明确；“可行”强调措施要符合自身条件和外部环境，有可操作性；“针对性强”则强调措施不但直接指向目标，而且指向本人与目标的差距。人的精力是有限的，针对性强的措施才能体现其实现目标的效益和效率。

3. 制定措施的思路

(1)“近细远粗”的思路。实现近期或第一阶段的目标的措施要更具体，第二阶段之后的发展措施则可以“模糊”一些。之所以要“近细”，是因为第一阶段目标是最重要的阶段目标，因而第一阶段的措施也是职业生涯发展措施中最重要的措施。后几个阶段的发展措施，可能因本人和环境等各项因素发生变化而改变和调整，而第一阶段目标的措施，则是马上就要执行的措施，应该可操作、有指标、易量化。

(2) 针对“三个方面”的思路。职业生涯规划第一阶段的发展措施，要针对三个方面：一是为近期目标的实现服务；二是为第二阶段的发展做铺垫；三是为长远目标的实现打基础。

(3)"弥补差距"的思路。第一阶段措施的制定,不仅以全面提升自身素质为目的,更强调弥补自身条件与目标实现之间的差距。发展目标对从业者的具体要求与从业者自身条件之间的差距,即现有职业能力与职业要求之间的差距,现有知识、技能水准与职业资格标准之间的差距,现在学历与岗位之间的差距,个人职业素养与职业要求之间的差距等,应当成为第一个阶段措施制定的主要依据。

连线职场

职业生涯设计对于人生道路来说具有战略意义,至关重要。决策正确,则一帆风顺、事业有成;反之,则弯路多多、损失多多。如何进行职业生涯的设计?专家提出职业生涯设计"三定"原则,或许对你会有所帮助。

一是"定向"。通常情况下,职业方向由本人所学的专业确定。但现实的情况是,很多人毕业后,并不能完全按照自己所学的专业来选择工作,有的甚至与原专业风马牛不相及。这种情况下,就需要认真考虑,选择适合自己的职业岗位。有时为了就业,甚至要强制自己去"适应"并不喜欢的岗位。

二是"定点"。所谓"定点",就是确定职业发展的地点。比如,有些人毕业后选择去南方,有的则选择去边疆、大西北,这都无可非议,但应该综合多方面因素考虑,不可一时冲动,心血来潮,感情用事。选择去南方的人,认为那里是改革开放的前沿,经济发达、薪资水平较高,但如果忽略了竞争激烈、观念差异,甚至气候、水土等因素,结果将会导致频频跳槽。如果一开始就选准方向,在一个地方,围绕一个职业长期稳定发展,对自己的资历和经验都会有所裨益和长进。经历时间加上努力,有望成为某一领域的资深人士,岂不更为有利。频繁更换工作地点,今天在这,明天到那,对职业生涯成长肯定弊多利少。

三是"定位"。择业前要对自己的水平、能力、薪资期望、心理承受力等进行全面分析,做出较准确的定位。不可悲观,把自己定位过低,更不要高估自己,导致期望值过高,一旦不能如愿,失望也就越大。不要过分在意公司的名气、薪资的高低,只要这家公司、这项专业岗位适合你,是你所向往和追求的,就应该去试一试,争取被录用。确立从基层做起、从基础做起,逐步积累经验、循序渐进、谋求事业发展的思想理念,可能对你的一生都会有帮助。

从哲学角度来看,"三定"实际上就是解决职业生涯设计中"干什么""何处干""怎么干"这三个最基本的问题。这三个问题解决好了,职业生涯发展就会比较顺利。

赢在职场

清晰的职业规划是成功的保障

张艺谋，中国著名电影导演，2008 年北京奥运会开闭幕式总导演，中国“第五代导演”的代表人物之一，获得过美国波士顿大学、耶鲁大学荣誉博士学位。其拍摄的电影多次获得国际电影节大奖，是中国在国际影坛最具影响力的导演。早期他以执导充满中国传统文化的电影著称，艺术特点是细节的逼真和色彩浪漫的互相映照。2002 年转型执导的武侠巨制《英雄》开启了中国电影的“大片时代”。他的电影风格勇于创新，且涉及题材广泛，每次上映都能引起国内舆论的高度关注。在电影人才的提携上，张艺谋捧红的“谋女郎”也是媒体和公众聚焦的对象。

1.“前半生”——从农民到摄影师和演员

1968 年初中毕业后，张艺谋在陕西乾县农村插队劳动，后在陕西咸阳国棉八厂当工人。1978 年入北京电影学院摄影系学习。1982 年毕业后任广西电影制片厂摄影师。1984 年作为摄影师拍摄了影片《黄土地》，崭露头角。1987 年主演影片《老井》，颇受好评。

2.“后半生”——从《红高粱》到奥运会开闭幕式总导演

1987 年，张艺谋导演的一部《红高粱》，以浓烈的色彩、豪放的风格，颂扬中华民族激扬昂奋的民族精神，融叙事与抒情、写实与写意于一炉，发挥了电影语言的独特魅力，广获赞誉。正是这部电影，让张艺谋成功地实现了从演员到导演的转型，并以一个成功导演的角色进入公众视野，奠定了张艺谋成功导演的地位。

从此，张艺谋导演便一发不可收拾，在经过一段艺术片的成功后，他又转向了商业大片，《英雄》《十面埋伏》《满城尽带黄金甲》等一部部商业大片的红火为他带来了巨大的声誉，并最终带他走到了中国电影旗帜的位置。

2008 年北京奥运会，张艺谋又以其独特的大手笔，面向全世界展示了一部绝对中国的完美“大片”，也使得张艺谋站上了生涯的巅峰。

3. 揭秘张艺谋导演成功轨迹

从插队劳动的农民—工人—学生—摄影师—演员—导演，一次次巨大的职业跳跃和转型才最终造就了一个成功的导演。让我们共同来探析张艺谋导演的职业规划过程。

(1) 职业准备期。特殊的历史环境,使得年轻时的张艺谋未能上高中就插队当农民和当工人,很多人也像他一样没有选择,但能像他一样坚持自己梦想的却不多。终于,在1978年,张艺谋27岁时去学习自己钟爱的摄影,为自己未来的转型进行积累。

(2) 职业转型期。重新进入课堂学习后,张艺谋老老实实地做起了摄影,虽然他的志向是导演,但他显然十分清楚自己要做什么。这个时候的他仍在学习,不是在课堂上,而是在实践中学习。

(3) 职业冲刺期。在《黄土地》获奖后,张艺谋有两个选择:继续作为一个已经很成功的摄影师或者转型开始做导演。然而,意料之外,他却做了另外的选择——做一名演员,并且也获得了一定的成功。不过也可以说,这实在是最明智的选择。要做导演,特别是要想成为较有建树的导演的话,当然最好能亲身体验过做演员的感受。

(4) 职业发展期。《红高粱》成功以后,张艺谋拍了一段时间的文艺片,在全国人民都熟悉他的名字后,又敏锐地捕捉到商业片的市场价值,并与中国电影市场的需求相契合,开始转向商业大片之旅并一直延续到现在。尤其是借助2008年北京奥运会开幕式的无形宣传,使得张艺谋导演蜚声海内外。

张艺谋导演的成长历程告诉我们,清晰的职业规划是成功的保障。张艺谋说,人的潜力是无限的,一个人就像橡皮筋一样,需要不断地拉,在这个过程中挑战自己的极限,不断扩展自己的能力。

朝着目标前进

曾有人做过一个实验:组织三组人,让他们分别沿着十公里以外的三个村子步行。

第一组的人不知道村庄的名字,也不知道路程有多远,只告诉他们跟着向导走就是。刚走了两三公里就有人叫苦,走了一半时有人几乎愤怒了,他们抱怨为什么要走这么远,何时才能走到?有人甚至坐在路边不愿走了,越往后走他们的情绪越低落。

第二组的人知道村庄的名字和路段,但路边没有里程碑,他们只能凭经验估计行程时间和距离。走到一半的时候大多数人就想知道他们已经走了多远,比较有经验的人说:“大概走了一半的路程。”于是大家又簇拥着向前走,当走到全程的四分之三时,大家情绪低落,觉得疲惫不堪,而路程似乎还很长,当有人说："快到了！"大家又振作起来加快了步伐。

第三组的人不仅知道村子的名字、路程，而且公路上每一公里就有一块里程碑，人们边走边看里程碑，每缩短一公里大家便有一小阵的快乐。行程中他们用歌声和笑声来消除疲劳，情绪一直很高涨，所以很快就到达了目的地。

当人们的行动有明确的目标，并且把自己的行动与目标不断加以对照，清楚地知道自己的进行速度和与目标相距的距离时，行动的动机就会得到维持和加强，人就会自觉地克服一切困难，努力实现目标。

职场演练

梦的怒放

——一个职高生的职业生涯规划

目　录

序　言

给自己一个明确的目标，也许它有很大的难度，但同时它也有足够的吸引力，让我为之全力以赴，一步一步朝着目标进发，最终超越自己，实现梦想。

第一章　自我分析

◆ 身心素质：　良好，热爱运动，具有开朗、乐观的心态。

◆ 性格：　顺从、谨慎、保守、稳重、有效率、善于自我控制。

◆ 职业兴趣：　喜欢按计划办事，关注实际、细节、精确度，有系统、有条理。

◆ 能力：　尊重权威和规章制度，习惯接受他人的指挥和领导，通常较为谨慎和保守，缺乏创造性。

◆ 职业价值观：　认为美和协调是最重要的，用辨证的方法看问题，人要对社会做出贡献，但不能完全脱离自我的需要，应该尽量把自身要求同社会联系起来，达到双方的满足，互惠互利。

◆ 360°分析：

评价	优点		缺点
自我评价	比较乖，乐于助人。坚持自己的原则，有爱心，很实际	1	有点懒，动手能力差，内向，有时候太固执
家人评价	乖巧听话，孝顺	2	比较敏感犹豫，缺乏大胆果断的作风
老师评价	有强烈的责任感和坚定的毅力	3	不是很活跃
同学评价	细心、有条理，习惯接受任务	4	缺少主动性
朋友评价	细致，对熟悉的人很贴心	5	不善于与陌生人打交道

◆ 适合的职业（职业测试）：秘书、办公室人员、记事员、会计、行政助理、图书馆管理员、出纳员、打字员。

◆ 心目中理想的职业：秘书、会计、行政助理、出纳员。

[小结]经过职业测试，我更加全面和深刻地了解了自己，初步锁定职业目标为会计。

第二章　职业分析

◆家庭环境分析：我出生于绍兴县一个普通的农民家庭。父母对我期望高，也给予我很大的鼓励和帮助。家族内无人从事财务工作，进军会计行业只有依靠自己的力量。

◆学校环境分析：我就读的学校是首批国家级重点职校。学校坐落在地处经济富庶、万商云集的中国轻纺城——绍兴县。会计是学校的老专业，学校教学水平一流。

◆专业现状分析:在我国现阶段,会计是热门专业,但普通和初级财务人员明显供大于求,高端财务人才却千金难觅。据有关部门统计,目前我国尚缺9万名与国际市场接轨的国际会计专业人才。

[小结]机遇和挑战并存,会计行业相当于“潜力股”,我决定进军会计行业。

第三章　确立发展目标

目标

◆目标方案:最终目标是取得高级会计师资格,成为较大企业的主办会计。

◆构建发展阶梯。

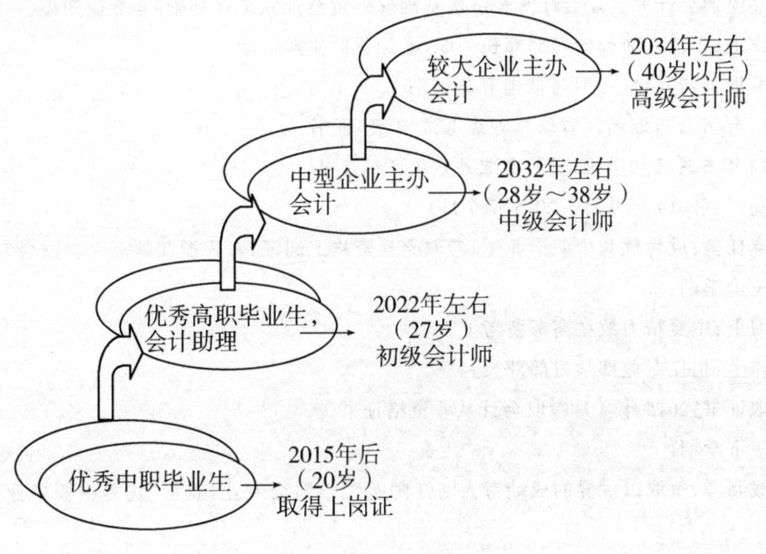

第四章　制定发展措施

行动

一、职业准备阶段

时间:2013年5月～2015年6月

年龄:17～19岁

目标:成为优秀中职毕业生;取得会计职称上岗证;考取浙江师范大学财会专业

1. 高一(2013年5月～2013年7月)

重点任务:认真学习会计基础知识,学习语、数、英及计算机等相关知识。

学习上:集中学好会计专业知识和能力,学习《会计技能》《基础会计》《企业会计》等专业知识,争取拿到专业奖学金。

工作上:继续担任专业部学生会干事,在假期做社会实践调查,另外找一份兼职工作体验一下,锻炼自己与人协作的能力。

2. 高二(2013年9月～2014年7月)

重点任务:认真学习会计专业知识,积极参加会计相关实训。

高二上学期:

学习上:深入学习会计专业知识,涉及《基础会计》《会计技能》《企业会计》《会计电算化》《财经法规》,为成为一名会计人员打好基础。

工作上:利用课余时间参观一些招聘会,竞选专业部学生会的学习部副部长一职。

考取证书:2013年9月考取全国公共英语等级考试(二级)证书,2013年9月考取全国计算机等级考试(二级)证书。

高二下学期:

学习上:争取拿专业部一等奖学金,巩固语、数、英学习。学习《市场营销》《审计》《财务管理》《商品流通会计》《企业会计》《经济法基础》《外贸会计》《统计基础》等专业知识。

工作上:担任专业部学习部部长一职,参加暑假实践活动。

考取证书:2014年5月考取电算化证书

2014年6月考取浙江省珠算等级考试(4级)证书

2014年6月参加学校培训,考取外贸单证员证书

3. 高三:(2014年9月~2015年7月)

重点任务:成为优秀中职毕业生,考取会计资格上岗证,考入浙江师范大学财会专业。

高三上学期:

学习上:主要精力放在高考备考上。

工作上:担任专业部学习部部长一职。

考取证书:2015年4月考取会计从业资格证书

高三下学期:

备战高考,争取以优异的成绩考入浙江师范大学财会专业,获得"优秀中职毕业生"荣誉称号。

暑假中,无论有无考上大学,都要去参加财会工作的实习。

二、继续学习及职业初级阶段

时间:2015年9月~2022年9月

年龄:20~27岁

目标:成为优秀高职毕业生;取得初级会计资格证书;成为一般企业的会计助理

1. 高职学习阶段(2015年9月~2019年6月)

考取全国计算机等级考试证书(三级)、全国英语等级考试证书(四级)、初级会计师证书、外贸会计资格证书。力争在自己的大学生活中全面发展,成为具有创业、敬业、乐业精神和社会责任感的高素质人才。

2. 职业初级阶段(2019年9月~2022年9月)

高职毕业后,先进入企业工作,可从最普通的相关财务工作做起,力争经过3年的努力奋斗,工作逐渐进入正轨,成为助理会计。

三、职业发展阶段

时间:2023~2032年

年龄:28～38岁

目标:取得中级会计师资格证书;成为中型企业的主办会计

工作中,不断积累工作经验,提高自身的专业技能,考取中级会计师资格证书,成为中型企业的主办会计。

四、职业稳定阶段

时间:2034年以后

年龄:40岁以后

目标:取得高级会计师资格证书;成为较大型企业的主办会计

工作中,仍不断提高自身的专业技能,考取高级会计师资格证书,成为较大型企业的主办会计。

第五章 评估调整

俗话说“计划赶不上变化”,我会定期对我的职业生涯规划做出评估,根据需要进行调整。

如果中职毕业后考不上大学,那我就一边工作,一边参加会计专业自学考试,最终取得本科文凭。

如果大学毕业后,找不到相关会计工作,那我将凭着2014年6月考出的外贸单证员证书去从事外贸跟单员工作。

结束语

千里之行,始于足下!

(本文获2013年绍兴市中职生职业生涯规划一等奖)

第三章　职业选择与决策

第一节　树立正确的择业观

人，只要有一种信念，有所追求，什么艰苦都能忍受，什么环境也都能适应。

——丁玲

如果一个人有足够的信念，他就能创造奇迹。

——温塞特

面对未来有信心

小李，一位20岁刚出头的农村青年，给人的第一印象就是精明能干。2004年小李中职毕业后考入省畜牧工程职业技术学院。高职毕业后在兰州某知名公司找到了第一份工作。后又进入另一家公司从事饲料推销，工作很辛苦，但报酬却不高。他开始留心养殖方面的市场行情，潜心学习养殖方面的知识，萌生了回家创业搞养殖的念头。2007年9月，在父亲的支持下，他毅然放弃稳定的工作，回到家里搞规模化养猪。大学毕业放着好端端的工作不干而回家养猪，自然遭到了人们的质疑和嘲讽，可执著的小李硬是办起了养猪场。“大学毕业养猪不可惜，在大学里学到的专业知识和技能就是我养猪的资本。”坚定的信念和良好的素质为小李赢得了事业的初步成功。他告诉笔者，短短5个月时间他靠养猪就净赚了5万元。

思路决定出路，观念决定贫富。观念变人就变，整个人生的际遇、机缘乃至整个命运都会随之而改变。所以，要想改变命运，唯有先改变观念。当然，观念的改变要讲究方法，讲究思路。

职场航标

“双向选择、自主择业”的就业制度改革，无论是对高等院校还是对中等职业学校的毕业生来说，既是机遇，又是挑战。作为中职毕业生，该如何认清新的就业形势，树立正确的择业观念，抓住机遇，迎接挑战，走好择业、就业、发展的人生三部曲，实现人生价值，为社会做贡献呢？

一、择业观念的概念及其作用

所谓择业，就是择业者根据自己的职业理想和能力，从社会上各种职业中选择其中的一种作为自己从事的职业过程。任何已具备劳动能力的人，都要进入社会职业领域选择特定的职业。在职业选择过程中，择业者不仅要考虑到个人的需要、兴趣、能力等因素，还要考虑社会发展的需要。

择业观是择业者对择业目标、意义和方法的根本态度和看法，是择业者在一定的世界观、人生观和价值观的指导下，对自己未来所从事的职业和发展目标的基本认识和态度，是人生观、价值观在职业选择活动中的深层次反映。由此，我们可以看出，择业观具有一定的导向作用，支配了择业主体的择业行为。它能直接影响人们对职业的选择，并通过职业选择、职业活动体现出来。由于观念具有相对稳定性，因此择业观一旦形成便会在相当长时间内发挥作用，支配着择业者的思想和行为。同时，择业观也是一种社会现象的反映，它是随着社会职业的出现而产生的，也会随着择业环境的变化而不断地丰富和发展，具有差异性、时代性、区域性等特征。

二、影响职业选择的因素

选择一份合适的职业是毕业生求职首先要考虑的问题。但是选择职业不是自己想干什么就干什么，喜欢干什么就干什么，而是个人适应社会的过程，必然会受到社会因素和个人主观因素的影响和制约。

1. 影响职业选择的社会因素

(1) 社会环境。人们的择业受社会环境的影响较大。社会环境包括社会的政治环境、经济环境、文化环境、社会科技环境和教育环境。尤其是社会环境中流行的职业价值观、国家的政策法规、经济形势、社会产业结构的调整变动引起的行业兴衰、人事管理体制的变化、劳动力市场人才的需求与变化、对职业岗位的认同等，都在不同程度地影响着个人的职业选择。

(2) 地域差异。不同地区、不同省市之间，由于经济发展水平不同、产业结构不同、经济发展思路和方向不同、资源禀赋不同、地方政策不同，导致各地的生活水平、居住条件、交通环境、竞争强度、职业发展环境、职业待遇和职业收入水平等都有较大的差异，而且人们的思想观念、意识形态也有较大的差别。因此，地域差异对择业者的择业选择有着重要的影响。

(3) 家庭背景。职业选择和家庭背景有着密切关系。家庭是人们生活的重要场所，人们的价值观念和行为模式都会受到生活和家庭成员的影响。每个人的成长环境决定了他们的价值观和行为模式，父母的学历在一定程度上影响着个人的教育成就，父母的职业、社会地位、价值观、态度、行为、人际关系等都会对个人的职业评价以及职业选择发生直接或间接的影响。比如，我们经常看到教育世家、艺术世家、商业世家等社会现象。

(4) 收入空间。薪资福利体现了劳动者的职业价值，是实现美好生活的主要收入来源，是改善生活品质的物质基础。薪资福利和职业的潜在收入空间将影响毕业生的职业转换，是一个毕业生择业要考虑的重要因素。

(5) 职业声望。职业声望是指某种职业在人们心目中的声誉和地位，是人们对职业的一种主观感受，是影响职业选择的一个重要因素。但是毕业生在选择时对择业单位和岗位的职业声望要做具体分析，不切实际的期望值不宜太高，否则会影响就业。

2. 影响职业选择的个人因素

(1) 职业兴趣。兴趣是一个人积极探究事物的心理倾向。与职业有关的兴趣称为职业兴趣。人一旦有了浓厚的职业兴趣，就会热爱自己所从事的工作，对工作就会非常执著，全身心投入，并充分发挥个人的聪明才智，在工作中产生享受的情感体验。良好的职业兴趣可以充分调动和发挥人的职业潜能，促使人们通过创造性劳动取得事业成功。因此，个人在进行职业选择时，不仅要知道自己能干什么，还要知道自己喜欢干什么，把职业能力与职业兴趣结合起来。

(2) 性格特征。性格是人的态度和行为方面比较稳定的心理特征，对个人的事业能否成功具有重大影响。人的性格千差万别，或热情外向，或沉着冷静，或火暴急躁。职业心理学的研究表明，不同职业有不同的性格要求。例如，对驾驶员要求有注意力稳定、动作敏捷的职业性格特征；对医生则要求具备细致、热情待人的职业性格特征。当然，每个人的性格都不可能百分之百地适合某项职业，但可以向自己的职业方向来培养、发展相应的职业性格。因此，根据人职匹配理论，个人在选择职业时，应根据自己的性格特征选择适合的职业。

(3) 气质特点。气质是指个性当中个人对现实的稳定态度和习惯的行为方式，一般表现在体验的快慢、强弱、隐显及动作的灵敏、迟钝等方面。心理学把气质分为多血质、胆汁质、黏液质和抑郁质四种类型。研究表明,如果一个人所从事的职业与他的气质相配,这个人工作起来就会得心应手,工作容易出成绩,事业容易获得成功;如果从事与自己气质不相吻合的工作,气质就会成为阻碍职业工作顺利发展的不良因素。

(4) 职业能力。职业能力是衡量一个人能否胜任某项任务的主观条件,是个人综合素质与本领的表现。它包含智能和体能,具体化为五种能力要素:体力、智力、知识、技能和人际交往能力。职业能力是一个能否进入职业的先决条件,无论从事什么职业,总要有一定的能力作为保证。没有职业能力,根本谈不上进入职场工作,对个人来讲也就无职业生涯而言。所以,职业能力对个人的发展具有重要意义。

(5) 职业价值观。职业价值观是人们对职业产生的评价和取向,也叫择业观。不同时代、不同制度环境,甚至不同自然环境下的人们会有不同的职业价值观。同一时代、同一地区的人,也会因各自的成长环境、教育背景、个性追求等差异而各有所好。作为人们对待职业的一种信念和态度,职业价值观往往决定人们的职业期望,影响着人们对职业方向和职业目标的选择。

此外,影响个人择业的还有个体的性别、年龄、健康状况、受教育程度、形象气质、择业意向等要素。

三、树立正确的择业观

择业是受人们价值观念所支配的一种社会行为。恰当而正确的就业观念应适应当前改革开放和社会主义市场经济发展的现实,有利于毕业生正确地自我评价、准确地定位和合理地选择,更好地发挥个人的潜能来为社会服务。当前,许多中职生在择业观问题上存在着就业期望值高、依赖心理严重、自卑、缺少自信等诸多错误观念,不能适应产业结构调整和经济转型的时代背景。

作为中职生,应当树立怎样的择业观呢?

1. 市场观念

随着人才市场机制的不断完善,为大中专毕业生通过人才市场实现就业开辟了新的路子。各地人事部门通过发函、网上发布信息、供需见面会、新闻发布会等形式为毕业生就业创造条件,各类毕业生也都将通过进入人才劳务市场,实行双向选择,平等竞争就业。因此,学校也要引导大中专毕业生积极通过各种途径了解社会对人才的需求情况,从多种渠道及时收集社会职业需求信息,主动进入人才市场实现就业。

2. 竞争观念

有市场,就必然有竞争。面向21世纪的职业选择,必须树立竞争观念。竞争是实力的较量,“优胜劣汰、适者生存”是竞争的法则。竞争是无情的,面对就业竞争的现实,毕业生应当摆脱被动依赖、消极等待的状况,敢于竞争,树立“爱拼才会赢”的竞争观念,努力学好知识和技能,练好内功,主动参与竞争,敢作敢为,有所创新,开拓进取,不囿于专业限制,尝试进入相近或相关的岗位,开拓新事业。

3. 经济效益观念

经济效益观念是指毕业生求职与从事工作时要有经济头脑。当前国有企业由于机制转换、结构调整等问题,生产经营比较困难,接纳毕业生的需求不会太大,而中小私营企业发展迅速,对技术性人才、管理人员和其他从业人员有较旺盛的需求,这也是毕业生就业的新途径。毕业求职不应当只盯着收入分配和社会福利好、工作环境好的单位,盲目地选择难以发挥专长的工作,而是要考虑经济社会发展的需要、分析行业的发展趋势等,处理好眼前利益和长远利益的关系。

4. 深入基层的观念

基层是了解社会、适应职场的重要场所,是毕业生成长发展的实践环节,是锻炼自己、缩短适应期的重要途径。基层虽然条件相对艰苦,但能磨炼人的意志,能培养吃苦勤勉的品格和作风,积累宝贵的工作经验,很多企业的管理人员都是从基层成长起来的。因此,毕业生初入职场应当正确定位,乐于并勇于深入到中小企业和乡镇街道,深入到车间等基层一线去就业工作,把它当成实现人生价值的舞台,踏踏实实做好每一件事,为未来成长发展奠定扎实的根基。因此,毕业生初入职场,千万不能“蜻蜓点水”,一定要在基层岗位上扎下根来,并坚持不懈地干下去,来自基层的经验和经历将会使职场发展的前景更为广阔。

5. 打破一步到位的观念

就业、择业和创业是一个循序渐进、不断发展的过程,毕业求职需打破一步到位、一职定终生的择业观念。一是虽然毕业生在校学习和掌握了一定的专业知识和专业技能,但科技发展迅速,学生的知识面相对较窄,又缺少实践经验,在人际交往能力、社会经验、业务能力等方面都需要一个锻炼和提高的过程;另一方面,毕业生就业志向和就业岗位受社会需求的变化和产业结构的调整所影响和制约。建议毕业生对自己和社会要有清醒的认识和正确的分析,对就业单位、岗位的挑选不要太苛刻,要适当调整就业期望值,等工作若干年后,随着知识的更新、能力的提高,再根据实际情况和发展方向重新选择新的单位和岗位。

连线职场

学生在校勤奋学习文化知识、专业技能，不断提高自身素质，其目的就是为了毕业后求得一个理想的工作岗位。但是为什么有的人能够顺利就业，得到满意结果，而有些人求职却屡次受挫呢？据调查，原因不外乎有以下几种：一是没有合格技能的人；二是个人素质品行低下的人；三是有知识、有技能，但是没有正确就业观念的人。这些人在每年不能顺利就业的毕业生中占有相当比例，所以毕业求职应当注意以下几点：

1. 选择工作单位和工作岗位要量力而行，切忌好高骛远

就业，是一种双向选择行为，既是求职者对工作环境、工资待遇、福利条件、劳动强度的选择，也是用人单位对求职者技能水平、综合素质的考量。只有双方的条件都能被对方接受时，就业才能实现。所以在选择单位和岗位时，要从自身条件和用人单位的用人条件出发，切不可一味要求工作轻松、工资高、待遇好的单位。

2. 树立先生存、再发展的观念，切不可追求一步到位

人生像走路，要从第一步开始，不断积累，才能达到目标。任何单位对招聘的员工，总是让他从最基本的工作做起，在工作中考察他的品德、能力、素质，根据他的表现和工作需要，逐步安排晋升。有些毕业生，自己没有工作经验和能力，就业时却心存一些不切实际的想法，结果当然就不能顺利就业。当其他毕业生已经取得一定工作经验和成绩时，这些人还在社会上盲目地奔波。

3. 专业对口是相对的，切不可过分强调专业对口

学生在学校里经历了某个专业的学习，肯定想找一个专业十分对口的工作去发挥才能，但事实上每一个人都想到对口专业就业是有很多困难的。综观社会工作岗位，有许多人的工作岗位就是不对口。这就要求毕业生一专多能，有能力在相关的职业群中选择就业，那种一味追求完全专业对口的工作是不切实际的。

4. 客观地评价自我，使理想和现实有机结合

一个好的就业环境，是每个人都向往的，然而，现实生活中往往有许多不尽如人意之处，如就业岗位“僧多粥少”，或就业市场的不平衡等，都会导致社会可供就业岗位与个人志向不符，这就产生就业者理想和现实的矛盾。因此，就业、择业时，应全面客观分析自我，评价自我，如果所提供的岗位基本适合自己，就应抓住机会，尽快就业，不要嫌委屈。只要你有恒心和毅力，任何岗位都可以创造出非凡的成绩，“是金子在哪里都会闪光”。

5. 主动就业，尝试创业

就业市场是优胜劣汰的市场，势必会导致一些毕业生一时找不到合适的就业岗位，处于暂时失业状态。党和国家十分关心和重视毕业生就业工作，已出台了相关优惠政策，鼓励毕业生自谋职业、自主创业。双向选择，自主择业为求职者创造了更多、更广的择业机会。通过自主创业，既可以为个人实现自我人生价值创造更大的发展空间；另一方面也可以减轻社会的压力，为国家做贡献。

赢在职场

走在漫漫求职路上，太多人陷入了迷茫困惑中，他们不知道自己该找什么样的工作，不知道什么样的工作才适合自己……为此，专家建议，求职者要放开思路，更新观念，树立“锻炼为先，成长为重”的观念，学会在就业中了解社会，强化本领，提高自身，求得发展，在危机中找到发展机会。

降低期望值　从低起点做起

小叶现在是深圳市一家公司的人事部经理，像大多数人一样，小叶刚毕业一心想找体面、高薪的工作。去到珠海才发现“理想很丰满，现实很骨感”，没有经验、应届毕业生、中专文凭、个头不高……所有这些都使小叶在求职时处处碰壁。当小叶在网上看到自己现在所在的公司招人且待遇还包吃包住时，小叶毫不犹豫地从珠海跑到了深圳。在公司里小叶做的是家政服务工作，虽然工作又苦又累，但她还是坚持了下来。一段时间后，小叶发现了公司管理的种种不足，她直接找到董事长指出其中不足并提出了改进方法。小叶的做法得到了董事长的赏识，在她学习了一些企业管理方面的知识后，董事长破格提拔，使小叶从一个小职员成了部门经理。

小叶的职场成长故事给我们求职的启示：

一要降低期望值，先就业再择业。初入职场首先要放低要求，从低起点做起。可以先找份安稳、起码能够解决食宿的工作，要注意在工作中不断积累经验、资本，蓄势待发，谋求更好的工作岗位。

二要有积极、乐观的就业观。正确的就业观是决定一个人工作成败的关键。在工作中我们要踏实肯干，勤于思考，勤于感悟，勇敢承担起自己的责任和义务。少说话，多做事，把自己所有才能展示给别人。保持精力充沛，让大家看到一个活力四射的你，给每一个人留下好印象。要坚信，是金子到哪都会发光的真理。

"3D墙"上的精彩

月薪两千的湖北农村姑娘王燕被解聘后，自主创业，开了一家"3D墙"装修公司，从此开辟了不一样的人生。

2008年，当时才19岁的王燕，高中毕业后跑到了深圳，在一家窗帘厂里工作，底薪加上加班费每月也有一千多元，三年后已经达到了两千多元，这对于从山窝窝里跑出来的小姑娘来说，已经算是相当不错了。

但是在经历了一次工作上的不愉快后，王燕沮丧之余冷静一想，在窗帘店也不能干一辈子，不然干脆趁此机会创造一番自己的事业。不过对于一个20刚出头年轻姑娘来说，一没经验二没人脉，存款也不多，要创业谈何容易？做出创业的决定后，王燕开始到处寻找商机，晚上她闲着无聊上网进入了一个QQ群聊天，无意中看到了有人提到一种叫"3D"墙的东西，她细细一问才知道，原来是一种液态墙纸，能根据自己的喜好在墙上涂上自己喜欢的花色，既环保又健康。

了解到这些信息后，王燕不禁来了兴致，她觉得就算是厂里的宿舍墙面，爱美的姐妹们也会贴上一些画报之类的东西用来美化装饰，更何况是居住条件好的年轻有房族？她想看看"3D墙"究竟是什么样子。当晚，王燕就从网上联系到了北京的一家从事"3D墙"业务的公司，并谈好了参观事宜。

北京的参观之行让王燕获益匪浅，"3D墙"比传统壁纸、乳胶漆或者是大理石装饰都更有优势，她了解装饰市场的繁荣，当机立断在厂方指导下签下了合同，然后带着相关的技术指导回到了深圳，开了一家"3D墙"装修公司。因为经营得当，她在总部的帮助下，第一年就净赚了50万元人民币！

随着口碑与信誉的不断建立，王燕的业务量也迅猛递增，短短三年时间，一个原本在月薪2000的岗位挣扎的小姑娘，转身就成了个不折不扣的“百万富妹”。如今，王燕正在准备开设自己的分公司，把事业做得更强、更大。

俗话说“心有多大，舞台就有多大”，这话一点也不错。王燕这个平凡的姑娘用自己的行动诠释了这句话的真谛，创造出了一段白手起家的创业传奇。

职场演练

就业七大误区

毕业生在择业过程中，往往出现个人期望与社会现实的矛盾、个人理想与市场制约的矛盾，如果不能正确处理这些矛盾，就会形成就业观念上的许多误区。目前毕业生择业主要存在七大误区。

1. 追热门，随大流

不少毕业生择业时易受社会上一些舆论的左右，盲目从众，追逐热门，而不考虑自身条件及职业特点和社会整体需求，结果既影响择业，又压抑了自己的优势。

2. 过分强调职业的社会地位

国家人事部对89个城市的一项就业统计显示，公务员职位虽然只为毕业生提供1%的就业岗位，但却吸引了30%大学生的目光。“千军万马”挤这个就业“独木桥”，反映出毕业群体择业取向存在一定偏差。

3. 追求高薪酬职业

不少学生在求职过程中，不顾职位是否学以致用，也不管是否是自己专业特长、兴趣能力所及，而优先考虑那些高薪酬、福利好的职业和单位。今天认为这个单位待遇不错，明天又觉得那个单位有利于自己发展，在多个单位中难以取舍，结果高不成低不就，丧失了就业机会。

4. 片面强调就业地区

许多学生求职的理想地点是北京、上海及沿海发达城市，稍偏远的地区就不予考虑。

5. 图轻松，缺乏事业心

一些毕业生在择业时避苦就易，目光总盯着工作轻松、稳定、竞争不激烈的单位。在职业选择上有些学生虽然意识到基层艰苦行业需要人才，最能锻炼自己，却又怕基层条件差、埋没了自己的才能。

6. 一味追求个人兴趣的满足

职业是人们满足兴趣、发展自我的一个途径，但如果一味率性而为地择业，不顾主客观条件，便会在择业时遇到许多冲突和阻碍，反而屡屡受挫。

7. 狭隘地理解专业

由于社会现实的种种限制，个人所学专业与社会需要并不能一一对接。如果求职学生狭隘理解“专业对口”，就会使择业范围和发展空间大大缩小，易导致挫败感和消极情绪。

针对毕业生择业中存在的七个误区，专家建议正在求职的毕业生，树立正确的择业观，更新择业观念，摆脱传统束缚，消除爱慕虚荣、自我封闭、消极怠慢等心理；同时加强自身修养，客观认识社会转型时的诸多现实，达到个人、社会、国家利益的统一，在主客观限定范围内，寻找适合自己的就业道路。

你在就业观念上存在以上的误区吗？你觉得应树立怎样正确的就业观？

第二节 职业选择与择业原则

正是你生活中每个环节的选择与决策塑造了你的人生，决定了你的成败。

——约翰·坎贝尔

决定你是什么的，不是你拥有的能力，而是你的选择。

—杨澜

职场故事

小兰的迷茫

毕业后工作三年多了，工作一直勤勤恳恳的小兰，却没有很大突破，迷茫的她很困惑：为什么身边的同事个个工作都游刃有余，好像每天每月都很有劲头，工作能力和职位一路“高歌猛进”，而同样认真工作了三年多的她，换来的却是每天的无精打采和微薄的收入回报？

在学校里小兰也是个积极的学生，学校里的活动都乐于参加，还经常参加外面的社会实践，很积极地接触社会、融入社会。计算机专业毕业后，她和大多数同学一样，进入了一家高科技公司做技术工作，每天周而复始地在实验室对着机器和电脑开发程序，而且工作往往重复，这样沉闷的工作环境太枯燥乏味了。非但如此，每年到毕业的时候，大批的本科、硕士纷纷加入进来，着手学习新的技术，慢慢地赶上甚至超过自己；老同事也有不少跳槽去了更有发展前途的公司，寻求更有挑战的工作。而自己呢，在公司三年多来，也勤恳努力工作，却没换来应有的回报，非但技术上没有很大突破，能力上没有很大提高，三年前的工作激情也在实验室枯燥的工作环境中慢慢磨灭殆尽。

小兰明白自己其实并不是很喜欢技术工作，也不喜欢实验室的工作环境，可是，工作已经三年多了，难道还要转行么？

小兰的故事告诉我们：成功在于正确选择。勤恳努力工作，最终却碌碌无为，这样的案例在现代社会太多了，并不是所有的努力都有效，并不是所有的努力都能够最终通向成功。案例中的小兰有着良好的高等教育背景，也有很强的工作适应能力，但却在没有进行准确定位及选择的前提下就茫然地开始了工作，并最终发现自己陷入了迷茫之中。所以，在竞争已经趋于白热化的现代职场上，一个正确的职业选择远比在错误的工作职位上用上百倍的“努力”更为关键。只有选择正确了，99%的汗水才会换来丰硕的果实。

职场航标

职业选择就是选择人生，选择未来。一个人生活的好坏、社会地位的高低以及对社会贡献的大小，在很大程度上是由他们的职业及其在职业岗位上的贡献决定的。为什么有些人本该在事业上获得成功，却事与愿违，这并不完全是因为他们能力不够，而主要是他们选择了不适合发挥自身特长的职业，而那些事业有成的人，也并一定比别人聪明，关键在于他们找到了适合自己特点的职业。合适的职业使他们的个人才能得到充分发挥，为他们带来无限的创造机会，也带来了事业的成功。

职业选择是人们对职业的评价、意向以及对就业所持的态度，从社会现有的职业中选择其一的过程。它是个人对于自己就业的种类、方向的挑选和确定，是人们真正进入社会生活领域的重要行为，是人生的关键环节。通过职业选择，有利于人和劳动岗位的结合，为社会创造财富，实现人生价值，促进人的全面发展。

一、职业选择的标准

1. 工资收入水平

一般来说，人才的价值应该在经济收入上体现出来。工资收入水平必然是毕业生择业时考虑的首要因素。比如，工资收入高的外资企业、上市公司、国有企业深受毕业生青睐。但是，求职者在择业时也要有长远的眼光，决不能一味追求高工资而忽视其他选择因素。

2. 个人兴趣与爱好

能否发挥个人特长，是否符合个人兴趣、爱好，是广大毕业生关注的重要问题。毕业生只有在职业选择与个人状况的结合匹配合理时，才能够“干一行，爱一行”。

3. 单位的地理位置

毕业生择业考虑的另一个重要问题是单位的地理位置。很多人考虑去大城市、沿海开放城市或经济发达地区就业。这些地域就职有一定的优越性，生活方便、条件优越，再学习、深造的机会多。但是也应该考虑到，大城市的用人单位人才选择余地大，人才济济，得到锻炼的机会较少，容易受压抑。边远地区和中小城市的工作单位虽然条件较差，比较艰苦，但缺乏人才，毕业生的才能有充分发挥的余地。

4. 单位性质

由于受社会舆论对职业评价的影响，绝大部分毕业生在选择就业单位时比较倾向于政府机关、金融机构、高等院校，国有企业和外资企业次之，而忽视了快速发展的民营企业带来的就业机会。

5. 就业单位的发展前景

毕业生的发展情况与所在单位的发展前景密切相关，因此毕业生要注重单位的发展前景，既看眼前，又顾及长远。

6. 继续深造的条件和机会

从学校毕业出来，知识面还是有限的，要在今后求得发展，有所作为，必须要在工作中继续学习，补充新的知识。因此，择业时很多人要考虑用人单位是否具备学习深造的条件和机会。

7. 发展机会

毕业生到用人单位工作后，在预期时间内可以取得什么样的业绩或晋升到什么职位，这可以根据该单位的发展前景、人事管理制度和培训计划机制等对其发展机会做出判断。

二、职业选择的原则

职业选择的原则是指一个人在认识和决定职业岗位选择问题上所应遵循的基本准绳。选择一个适合自己的理想职业是每个毕业生的共同愿望，“如何选择职业”需要考虑的因素很多，毕业生选择职业时要遵循以下原则：

1. 符合社会需要原则

社会需要是择业的前提，一个人在选择职业岗位时，要把社会需要作为出发点和归宿。我国的现代化建设需要一大批高级技术应用型人才。择业者应根据自己的实际情况，结合社会的需要，对自己的能力、择业目标、就业方向进行定位。首先，从能力上定位，中职毕业生介于高职毕业生和普工之间；其次，从职业目标定位，中职毕业生的职业目标应该是介于“白领”和“蓝领”之间的“灰领”，是从事普通工作的技能型人才。同样是计算机专业，中职生不是去做复杂的程序设计，而是偏向硬件维护。因此，中职生要有准确的职业定位。最后，从就业方向上定位，中职毕业生就业方向应该是面向基层和中小企业。

2. 人职匹配原则

一个人在选择职业岗位时，应综合考虑自己的素质情况，根据自身的特长和优势选择职业岗位，以利于在职业岗位上能够顺利、出色地完成本职工作。比如，《三国演义》中的张飞不可能去绣花织锦，《红楼梦》中的林黛玉不可能去领兵打仗，《水浒传》中的李逵也不可能去干保密工作。一般来说，选择能发挥自己人格特征的职业，就会感到和谐，就会使自己的能力得到正常发展，在事业上有所建树。外向型的人可选择能充分发挥自己的行动能力与积极性、善于交往、机智应变等特点的职业，就易走上成功之路；内向型的人则需要选择能开发自己的计划性、安定性等特长的职业，这样较易取得事业上的进步。

3. 分清主次原则

在就业选择过程中，摆在毕业生面前的选择是多方面的。比如，单位性质、工作地点、工作条件、生活待遇、使用意图、发展方向等诸多方面，不可能每项都满足自己的心愿，重要的是在择业过程中怎样权衡利弊，分清主次，做出抉择。切不可因一味求全，急功近利，好高骛远而失去良机。

4. 事业发展性原则

遵循事业发展性原则，一是在择业时，要注意选择那些有利于自己今后发展的职业。判断自己今后在职业岗位上有无发展前途，这就要综合考虑前面几个因素，选择适合自己干的、符合自己特长的、能使自己醉心的、能够发挥自己全部聪明才智的并有所创新的职业。另一方面，在择业时考虑这种职业在当时、当地有没有发展前途，有的职业在当时、当地正在萎缩，就不可选择；有的职业在当时、当地可能还不景气，但是根据资源情况分析，将会有大的发展，就可选择。

三、职业选择的策略

1. 定向策略：职业发展的方向选择

职业发展方向的选择主要包括两个方面：行业选择和单位选择。

（1）行业选择。一般来说，专业决定了今后所从事的行业，但是某些行业之间有些工作所需要的具体能力是交叉的、相通的。比如，秘书、教师和推销员工作都需要语言表达能力较强、人际关系融洽、工作责任心强等，因此选择职业时，不妨把思维和视野放广阔一些，在根据自己所学专业的前提下，结合自己的兴趣、性格、能力等来选择行业。既然许多行业间所需要的能力是相通的，毕业生在选择行业时也不必过于小心谨慎，第一次选择了某种职业，工作一段时间以后感觉不合适，可以进行第二次行业选择。

（2）单位选择。不同的单位一般都具有不同的文化背景，通常文化背景决定了单位用人的态度、毕业生的发展和毕业生的选择。目前，衡量一个好的单位通常有以下几个要素:单位形象好,或成为业界的模范;优秀的员工与和谐的人际关系;培训的机会;相当的薪酬待遇、晋升机会;定期考评制度和开明的管理;单位文化、精神主导要与自己的个性贴切等。

2. 定点策略:职业发展地点的选择

职业发展地点的选择,也就是择业过程中的地理定位。所谓地理定位,就是打算选择什么地方作为毕业后的第一工作地点。很多人也许觉得这并不是一个问题,可实际上非常重要。地理定位一般要考虑两大方面:一是对该地区的政治经济和文化生态是否满意,在这里个人能否得到最大限度的发挥自己的才能;二是考虑个人在这个地区的已有的人际关系。如果人脉发达,则有助于个人的生活和工作,对事业有着直接或间接的帮助;如果人地生疏,付出的要多一些,成功要更艰难一些。

一般来说,一个中等以上的城市都会有一般毕业生所要求的职业和岗位,然而不少毕业生在职业发展地点的选择上,只注重经济文化发达、工作环境优越的一面,而忽视了人才济济、相对过剩的一面,择业期望值居高不下,从而导致主观愿望与现实需求之间的巨大落差。因此,在职业发展过程中,正确的定点是十分重要的。

3. 定位策略:职业发展位置的选择

职业发展位置的选择,主要是依据毕业生个人专业知识水平、工作能力以及个性特点选择适合自己的职业。因此,毕业生选择职业前,首先要对自己进行自我评价,再根据评价的结果,结合所希望选择的职业的发展水平、职业能力、职业提供的待遇和机会等,选择适合自己的职业。准确的自我评价、合理的定位是选择适合自己的职业发展位置的前提。

连线职场

选择比努力更重要。在职业生涯发展的过程中,选择是一个连续的过程,你很难一下子就做出完全正确的选择,但要学会选择正确的方向。在职业生涯之初或者遭遇职业困境的时候,你的个人选择余地非常狭小,并不能完全自主地做出决定。但是无论如何,你总是会有一定选择余地的,如何把握有效的选择权,使你的职业路径逐渐导向一个正确的方向是非常重要的。只有这样,你的职业发展之路才会越走越宽,职场选择余地也才会越来越大。

职业选择是生涯决策的重要方面,要考虑到你的价值观、兴趣、技能等个性特征。职业选择是人选职业、职业选人的过程,择业者只有正确分析职业和自己的个性特点，才能找到个人与职业的最佳结合点。选择一种能适合个人特点的职业，达到人与职业的匹配；否则，就会导致或者不能适应职业要求，或者不能充分发挥自己的个性特长，以致频繁地毫无关联地更换职业，给个人职业生涯发展带来影响。

选择理想职业应注意以下问题：

1. 认识自己，了解职业

认识自己，既包括认识自己的兴趣、气质、性格和能力，也包括认识自己的知识结构和职业适应性。其目的在于真正了解自己最适合干什么工作。了解职业，既包括职业内容、职业特点、职业环境、职业报酬，也包括了解职业对从业者的素质要求。了解职业的目的，在于求职时有针对性，减少盲目性，知己知彼才能做到有选择地突出自己的优点，扬长避短，把劣势转化为优势。

2. 正确把握自己的职业期望值

职业是多种多样的，人们的职业期望值也不尽相同。很多求职者希望自己找到一份既轻松愉快、待遇条件好，又不怎么费劲就能成就一番事业的职业。很显然，这种职业期望值不够现实。因为任何一个职业选择，都要受到社会需求、自身素质以及其他社会因素的制约。并且，人的职业期望值又是发展变化的，它随着社会生产力的发展而发展，随着职业结构的变化而变化。因此，人们在职业选择过程中，应实事求是地对自己的职业期望值有一个客观科学的分析，努力追求合理的，放弃不合理的，这就要求每一位毕业生应以自己的专业所长、个人素质优势以及客观的社会为基础，确立自己合理的职业期望值，以免走入择业误区。

要正确把握好职业的期望值，一要防止图虚荣，不顾客观条件的限制，一心只想找一份令人羡慕的职业，至于自己能否胜任，是否适合自己，能不能有所发展则不予考虑；二要防止图安逸享受，害怕艰苦，不愿到生产建设第一线和艰苦地区工作；三要防止偏离自己的职业兴趣、专业特长和实际能力，否则就失去了自身的择业优势。

3. 树立正确的就业观念

毕业生在职业选择过程中，每一个人都希望找到一份与自己兴趣、爱好、能力相当的职业，这是可以理解的。然而要实现这种理想却又不那么简单，因为就业是一项关系到社会、经济、文化以及家庭等诸多因素的复杂的系统工程，不是单凭主观愿望就能解决好的。如果在初次就业时没有自己喜欢或适合自己的工作单位，那么切不可待在“家里”无所事事，而要转变就业观念，先找一个单位，哪怕是基层或者是条件艰苦的工作岗位，然后再寻找合适的就业发展机会。这对自己既是一种锻炼，也是一种适应社会的准备。

赢在职场

不一样的成长之路

吉米和唐克两人都是很聪明的年轻人，读书时成绩都十分优秀，兴趣和爱好也相同，对于他们来说，有许多工作机会可供选择。

他们去一家小型公司应聘，面谈结束后，因为小公司开出的月薪只有400美元，吉米断然拒绝聘任，而选择了另一家月薪600美元的公司上班。唐克去了，尽管企业开出的薪水也是400美元，尽管他同样有更多赚钱的机会，但是他却欣然接受了这份工作。有人问他："如此低的薪水，你不觉得太吃亏了吗?"他说："我当然想赚更多的钱，但是我觉得只要能从那里学到一些本领，薪水低一些也是值得的。从长远的眼光来看，我在那里工作将会更有前途。"

四年过去了。吉米在另一家公司的薪水已经涨到了年薪8750美元，而最初月薪只有400美元的唐克，现在固定的年薪是20000美元，外加红利。

这两个人发展结局有着巨大差异，原因到底在哪里呢？吉米被最初的赚钱机会蒙蔽了，而唐克却是基于能学到本领来考虑自己的工作选择。这就告诉我们初涉职场选择第一份职业时，要考虑职业是否适合自身并是否具有发展性，这是非常重要的。工资福利的高低不是职业选择的唯一标准，而应该综合各种因素，选择适合自己个性和能力的职业，以实现职场的长远发展。

两颗种子，两种人生

春天到了，轻柔的风在吹拂着这个睡眼惺忪的大地，万物开始复苏。这个时候，两颗种子也醒了，它俩正躺在一片肥沃的土壤里憧憬着各自的未来。

第一颗种子说："我一定要努力生长！我要向下扎根，让生命在土壤里变得坚强！我要'出人头地'，让茎叶随风摇摆，歌颂春天的到来！我还要开出美丽的花朵，结出丰硕的果实，给这个大地增添些许沁人的花香，为人们提供醉人的果实。这样我既可以感受春晖照耀脸庞的温暖，也可以体味晨露滴落花瓣的喜悦和生命成熟的欢欣！"

第二颗种子听后皱着眉头颤抖地说："我可没有你那么勇敢！我若向下扎根，也许会碰到坚硬的石块；我若用力往上钻，可能会伤到我脆弱的茎；我若长出幼芽，难保不会被蜗牛吃掉；我若开出美丽的花，只怕小孩看了会将我连根拔起；我若结出果实，只怕还会被不劳而获的家伙偷偷摘去。我还是等情况安全些再做打算吧！"于是，它继续瑟缩在那一片它自认为十分安全的土壤里。几天后，一只母鸡在庭院里觅食，它就这样不声不响地进了母鸡的肚子。而第一颗种子一直在努力生长着，这期间它受过伤，挨过冻，哭过，笑过，被人踩踏过，被蜗牛啃啮过。但是它始终没有忘记自己高高在上的梦想。每当寒夜侵袭，一切都沉寂下来的时候，它也会不时地感到一种难以抑制的孤独和凄凉，但它总是一遍一遍地对自己说："我不能放弃，也不会放弃！因为我有梦想啊！"终于有一天，它长大了，开出了娇妍的花，结出了累累的果实。它笑了，很开心！

成功不在于出身，而在于目标，什么样的选择决定你什么样的人生。

职场演练

测试目的：看你对哪种职业的工作有极大的倾向值或潜力，以便帮助你选择和确定自己的最佳职业。

测试方法：以下前十题为A组，后十题为B组。每组各题你认为"是"的得1分，"不是"的得0分，然后，比较两组答案分值。

1. 当你正在看一本有关谋杀案的小说时，你是否常常能在作者未交代结果之前知道作品中哪个人物是罪犯？（　　）

2. 你是否很少写错别字？（　　）

3. 你是否宁可参加音乐会而不愿待在家里闲聊？（　　）

4. 墙上的画挂歪了，你是否想去扶正？（　　）

5. 你是否常论及自己看过或听过的事物？（　　）

6. 你宁可读一些散文和小品文而不愿看小说？（　　）

7. 你是否愿少做几件事但一定要做好，而不想多做几件事而马马虎虎？（　　）

8. 你是否喜欢打牌或下棋？（　　）

9. 你是否对自己的消费预算均有控制？（　　）

10. 你能使钟、开关、马达发生效用吗？（　　）

11. 你是否很想改变一下日常生活中的一些惯例，使自己有一些充裕时间？（　　）

12. 闲暇时，是否较喜欢参加一些运动，而不愿意看书？（　　）

13. 你是否认为数学不难？（　　）

14. 你是否喜欢与比你年轻的人在一起？（　　）

15. 你能列出五个你自己认为够朋友的人吗？（　　）

16. 对于你能办到的事情别人求你时，你是乐于助人还是怕麻烦？（　　）

17. 你是否不喜欢太琐碎的工作？（　　）

18. 你看书是否很快？（　　）

19. 你是否相信“小心谨慎，稳扎稳打”是至理名言？（　　）

20. 你是否喜欢新朋友、新地方和新东西？（　　）

测试分析：

1. 若A组分值比B组高，则表明你是个精深的人，适合从事具有耐心、谨慎和研究等琐细的工作，诸如医生、律师、科学家、机械师、修理人员、编辑、哲学家、工程师等。

2. 若B组分值高于A组，则表明你是个广博的人，最大的长处在于成功地与人交往，你喜欢有人来实现你的想法。适合从事人事、顾问、运动教练、服务员、演员、广告宣传员、推销员等工作。

3. 若A、B两组分值大体相等，就表明你不但能处理琐碎细事，也能维持良好的人际关系。适合的工作包括护士、教师、秘书、商人、美容师、艺术家、图书管理员、政治家等。

通过以上测试，你找到了适合自己的职业群了吗？

第三节　择业决策技巧与方法

决定一个人的一生以及整个命运的，只是一瞬间。——歌德

命运不是机遇，而是选择。——J.E·丁格

职场故事

成功，不差这一分

——中职毕业生欧晓燕学技能改变命运

风，呼呼地吹着。一个瘦弱的女孩，肩上扛着大包，带着几个刚大学毕业、正为租房子一筹莫展的同事，艰难地一家一家讨价还价……一名老员工看在眼里喜在心里，感慨地说："真想不到20岁的她，就像老母鸡在保护幼仔一样。"

她，就是山东省平阴县职教中心护理专业毕业、现任西安华肽医美生物工程有限公司济南分公司市场部总经理欧晓燕。

2009年，欧晓燕中考考了569分，而当时重点高中的录取分数线是570分，仅一分之差。对她来说，此时必须做出人生中的第一个重要选择，是找关系上高中还是上职校学门技术？回想起这段经历，欧晓燕说："当时很矛盾。一是年龄小，还不懂得自己的路到底在何方；二是几个好姐妹都上高中了，自己感到很遗憾。但想到上了高中万一跟不上怎么办，更重要的是，读完高中上大学我也是打算学护理，与其耗费7年时间，不如直接上中职，还能多挣几年的钱。"要强的欧晓燕最终选择了上职校。

在校期间，她当班长、做节目主持人、参加社团和演讲比赛等，在学校搭建的各种平台上，她不但学到了专业知识，还锻炼了语言表达能力、组织能力等。"真没想到那时的选择成就了现在的我，现在觉得当初的选择很明智。"欧晓燕深有感触地说。

毕业实习结束后，由于欧晓燕的出色表现，某部队医院强烈要求把她留下工作。然而，她放弃了。她独自一人来到济南，在人才市场选择了这家需要医护经验员工的公司，经过层层面试，她上班了。

在公司，欧晓燕如鱼得水，她凭借乐于助人、吃苦耐劳的精神，一路被破格提拔。进入公司6个月就被委任为分公司见习经理，3个月转正后，再次被委任为市场部总经理，主要负责济南地区市场的全部工作，包括项目招商谈判、直营店的开发、人员招聘等，年薪8万至10万元。

"我觉得现在活得挺有尊严。选择很重要，选对了学校，选对了专业，能改变人一生的命运。"欧晓燕说。

"选择很重要，选对了学校，选对了专业，能改变人一生的命运。"不同的选择铸成不同的结局！每个人身上都有一种伟大的力量和能力，这就是选择的力量与能力，但你要学会如何去运用这种能力，要选择自己想要的，又适合自己发展的职业方向，同时具有一个清晰的目标、持久的执行力，梦想才会开花结果！

职场航标

职业决策是人生必经的门槛，是毕业生必须面对的人生关键的一步。通过有效的职业决策，选择一个合适的职业岗位，才能充分发挥自己的聪明才智，成就一番事业。针对当前毕业生在职业选择中存在的随意性大、被动就业的问题，有必要了解一些职业的决策理论，掌握简单的决策方法与技巧。

一、职业决策的含义

决策(decision making)是为了实现一定目标，采用一定的科学方法和手段，从两个以上的方案中选择一个满意方案的分析判断过程。它是建立在决策者自身和周边环境分析基础上，确定行动目标，并对实现目标的若干可行性方案进行比较和选择，最终确定一个最为优化合理的方案的分析决断过程。简单来说，决策就是做决定的过程。

职业决策是指个体对自己将要从事的职业从多种选择中做出有利于职业发展的决定，它综合了个人对自我的认识以及对教育与职业等外在因素的判断，是一个人在面临生涯抉择情境时做出的反应。

职业决策的常见内容有：选择何种行业；选择行业中的何种工作；选择所适用的策略，以获得某一特定的工作；从多个工作机会中选择其一；选择工作地点；选择工作的取向；选择生涯目标或一系列的升迁目标。

二、职业决策的风格

在面对职业决策的时候，每个人受个体的经验、知识、能力、性格和气质等多重因素的影响，都有自身独特的行为方式，这种独特的决策方式就是个体的决策风格。

决策风格(decision making style)可以认为是人们在做决策时表现出来的行为偏好和心理倾向，反映了个体在决策的过程中习惯的反应模式，是个人的个性特征在职业决策过程中的体现。不同的人在决策同一件事情、实现同一目标的习惯偏好不同，从而形成了决策风格的差异。

目前使用得较多的是哈瑞恩(Harren)提出的四种决策风格：理智型、直觉型、依赖型和犹豫型。

1. 理智型

决策者在系统收集了足够的自我和环境信息基础上，权衡各个选项的利弊得失，按部就班地做出最佳的决定。决策者能够意识到行为的相应后果，愿意承担决策的责任，并且积极、深思熟虑、逻辑性强。

2. 直觉型

决策者以自己在特定情景中的感受或者情绪反应，直接做出决定。这种决策风格的人做决定全凭感觉，比较冲动，很少能系统地收集相关信息，但他们能为自己做出的抉择负责。

3. 依赖型

决策者等待或者依赖他人为自己收集信息做出决定，比较被动和顺从，做选择时十分注重他人的意见和期望。他们以社会赞许、社会评价和社会规范作为做决定的标准。

4. 犹豫型

决策者意识到要做出决定，但没有能力立即开始，将决策的时间往后推迟，决策的时候会紧张、犹豫。

三、职业决策方法

职业决策有很多方法，这里主要介绍一种常用方法——决策平衡单法。

决策平衡单经常被应用于问题解决模式和职业咨询中，用以协助咨询者有系统地分析每一个可能的选项，判断分别执行各选项的利弊得失，然后依据其在利弊得失上的加权计分排定各个选项的优先顺序，以执行最优先或偏好的选项。

平衡单的设计，是用来协助决策者做出好的重大决定。它可以帮助决策者具体地分析每一个可能的选择方案，考虑各种方案实施后的利弊得失，最后排定优先顺序，择一而行。

决策步骤：

(1) 决策者首先需要在平衡单的横向纬度上列出有待选择和衡量的潜在职业目标三至五个。

(2) 判断各个职业选项的利弊得失：平衡单纵向纬度中提供给决策者衡量的重要得失标准，集中体现在以下四个方面(表3-1)：

① 个人物质方面的得失：包括收入、健康、工作、休闲生活、未来的展望。

② 他人物质方面的得失：家庭收入、与家人分担家事、与家人相处时间、与朋友相处时间等。

③ 个人赞许(精神方面)的得失：潜能与兴趣发挥、成就感、生活方式的改变、挑战性、提高社会声望。

④ 他人赞许(精神方面)的得失：家人的荣耀感、家人的认同、家人的担心。

(3) 决策者可依据重要的得失方面，逐一检视各个职业选项，并以"+5"至"-5"的十一点量表(+5,+4,+3,+2,+1,0,-1,-2,-3,-4,-5)来衡量各个职业选项。

(4) 各项考虑因素的加权计分：决策者在各个方面的利弊得失之间，会因身处于不同情境而有不同的考量。根据职业选择的重要性和迫切性，赋予它权数，加权范围1—5倍，填写在权数一栏。权数越大说明你越重视该要素。

(5) 计算出各个职业选项的得分：决策者须逐一计算各个职业选项在"得"(正分)与"失"(负分)的加权计分与累加结果，并计算各个职业生涯选项的总分。

(6) 最后，依据各职业选项在总分上的高低，排定优先次序。职业选项的优先次序即可作为咨询者职业生涯决策的依据。

表3-1 决策平衡单样表

选择项目 / 考虑因素		选择一			选择二			选择三		
		分数	加权	小计	分数	加权	小计	分数	加权	小计
个人物质方面得失	1. 收入情形									
	2. 对健康影响									
	3. 工作时间									
	4. 休闲生活									
	5. 未来展望									
	其他……									

续表

考虑因素 \ 选择项目		选择一			选择二			选择三		
		分数	加权	小计	分数	加权	小计	分数	加权	小计
他人物质方面得失	1. 家庭收入									
	2. 与家人分担家务									
	3. 与家人相处时间									
	4. 与朋友相处时间									
	其他……									
个人精神方面得失	1. 潜能与兴趣发挥									
	2. 成就感									
	3. 生活方式的改变									
	4. 挑战性									
	5. 提高社会声望									
	其他……									
他人精神方面得失	1. 家人的荣耀感									
	2. 家人的认同									
	3. 家人的担心									
	其他……									
加权后合计										

连线职场

小王是学计算机的，已毕业两年。这两年中基本上从事的是文员工作，工资不高，做的事很杂。他感觉自己什么都懂一点，又什么都不精。因为对PhotoShop感兴趣，所以就自学了点，但又怕自己不是这个专业的，想找这方面的工作估计有些困难，另外软件编程也学艺不精，何况这两年没看书又没兴趣，想找此类工作根本不可能。他觉得很茫然，找工作不知找什么样的工作？或者说，不知道自己还能做什么？

职业选择问题是人生的重大问题，有什么样的职业就有什么样的人生。职业选择又是一件不容易的事情，它要求达到一定程度的职业成熟度，它要求责任、投入、决心和坚持。认识自我、认识职业，并把二者有机结合起来考虑永远是职业选择的基础和前提。不追求热门、不随大流，听从自己内心的声音，自己承担起做职业决策的责任，而不是把选择权交给别人，始终是毕业生应有的科学态度。

职业决策的注意事项：

1. 制定职业决策需要结合自己的性格、特长和兴趣

职业生涯能够成功发展的核心，就在于所从事的工作要求正是自己所擅长的。如果一个人性格内向、不善与人沟通，没有很好的交际意识，那么这个人就很难成为一名成功的管理人员。制定职业规划一定要认真分析自己的优缺点。从事一项自己擅长的并喜欢的工作，工作会很愉快，也容易脱颖而出。这正是成功的职业规划核心所在。

2. 要考虑到实际情况，并具有可执行性

很多人刚开始工作时满怀雄心壮志，一心想着出人头地。而在现实的工作，有时确实会存在一定跨越，即更多的时候是一种积累的过程——资历的积累、经验的积累、知识的积累，所以，职业规划不能好高骛远，而要根据自己的实际情况和社会情况，一步一个脚印，层层晋升，最终方可成就梦想。

3. 职业决策必须有可持续发展性

职业决策不能只制定一个阶段性的目标，应该是一连串的、可以贯穿自己整个职业发展生涯的远景展望。如果职业决策制定的目标过于短浅，后面又没有后续职业决策点支撑，肯定会使人丧失奋斗的热情，且不利于自己长远发展。

赢在职场

职业决策，就是要根据自身的兴趣、特点，选择适合自己的职业岗位，发挥自己的聪明才智，最大限度地实现自我价值。下面是美国企业家比尔·拉福的成功之路，让我们看一看，他在人生的不同阶段是如何进行选择的。

比尔·拉福的成功之路

一个美国小伙子，中学毕业之后，就立志成为一名优秀的企业家，并对自己的未来进行详细的规划和设计。中学毕业后，他考进麻省理工学院，但是却没有选择和自己目标直接关系的贸易专业，而是选择了和经商几乎没有任何关系的机械制造专业，并努力让自己的每一学科都获得优秀。

拿到机械制造专业的学士学位后，他也没有直接进入某家公司工作，而是脱离自己的专业，考入芝加哥大学，开始攻读为期三年的经济学硕士学位。通过三年的学习，他掌握了经商和管理公司的知识。

拿到经济学硕士学位之后，他又出人意料地考上国家公务员，进入政府机关工作，并继续工作了五年，取得了让人刮目相看的成绩。朋友们都认为他已经放弃了当初的目标，改在仕途发展。

谁知在这个时候，他却辞了职去经商。在商场上小试身手两年，赚到一定数目的钱后，他利用这些资金，注册了拉福商贸公司。20年后，拉福商贸公司从最初的20万美元资产，发展成拥有2亿美元资产的大企业。这个人就是美国知名企业家比尔·拉福。

有人问比尔·拉福："您当初在中学的时候就梦想成为一名出色的企业家，现在你已经实现了您的梦想，但是中间您似乎走了许多弯路，是不是没有必要呢？还是您尝试了很多，最后才觉得自己还是应该去经商？"

比尔·拉福笑着回答道："不，我一直没有放弃自己的梦想——做一名出色的企业家。但是我更知道自己应该走什么样的路，做什么样的准备才能成为出色的企业家。大学时候我选择机械制造专业，那是因为我认为做商贸必须具备一定的专业知识；我攻读经济学硕士学位，是为了使自己具有商人的素质；我在政府当公务员，那是因为深知经商必须具有很强的交往能力，官场险恶、仕途多变也容易培养自己机敏老练和临危不惧的品格。"

他继续说："尽管表面看来，在真正从事商业活动之前，我所做的一切都与当初的梦想无关，但事实上我一直在为实现自己的梦想做准备。"

比尔·拉福获得成功的原因有：一是知道自己要什么；二是知道如何选择和规划自己的人生。

实际上，每一个人面对生活都有各种不同的动因和选择，尤其是在20～30岁的这个阶段，这是从渴望、追求的始发到实现、拥有乃至积累的重要阶段。这个阶段的选择，会决定自己的以后人生。当下，有些学生在毕业时表现出种种茫然和困惑，就是不知道自己究竟要什么，所以进行了盲目的不切实际的选择。比尔·拉福非常知道自己该走什么路，因而他的每一步骤、每一个环节都具有实现目标的指向性，这对于即将毕业的学生，应该是很好的启示。

从技术工人到“金蓝领”

张蒙从山西省一家高职院校毕业之后，便来到了奇瑞QQ下属的一个4S店维修站做店员。维修站站长张辉回忆说：“张蒙最初给考官留下的印象并不是很好。记得他面试时，所有的考官都觉得张蒙比较呆，不太灵活，可我一眼就看中了他，因为我觉得他身上有一股钻劲，这股钻劲正是技术岗位工人身上不可缺少的品质。”

这家4S店规模不大，张蒙进来后被分配到维修二部实习。大家看他呆头呆脑的，又将他分配到了车间负责看管财务。虽然做的是看管的工作，但是张蒙从来没有间断过对汽车的钻研。有一次车间汽车的电线着火了，别人都不敢上前救火，唯独张蒙从容地拿着灭火器向汽车喷去，虽然火熄灭了，但由于当时电源下铺了一张铁板部件，电源经过时直接击中了张蒙。他在医院疗养的过程中，还一直念着：“发动机电线和燃油线不能缠在一起。”又有一次，厂房搬迁，有三根线从厂房上空绕过，老板说得上去把线剪下来才能搬迁，又是张蒙自告奋勇爬到房顶完成任务。由于当时他还不是特别熟悉电路，电流直接把他从二楼打到了地上。有了这两次惨痛的经历后，张蒙开始刻苦钻研汽车电源，无论在食堂还是在宿舍，只要一有空闲，张蒙便拿出电路书来看，就连维修部开安全大会的时候，张蒙也会提出技术方面的问题。有时站长到汽车间指导学员维修汽车，他便缠住问这问那。站长看他十分好问，就对他格外照顾，总是不厌其烦地为他讲解电路。

张蒙在奇瑞的三个月实习刚结束，就因为他娴熟的汽修技术被维修部推选为汽车电路维修的主要负责人。一年之后，张蒙成为汽车电路维修行业名的“魔术手”，任何疑难杂症，张蒙十几分钟就搞定了。如今，他到了山西省最好的4S店，月薪7000元，工资甚至比研究生拿得都高。

脚踏实地，勤学好问，平凡的工作岗位照样能成就不一样的人生，张蒙从技术工人到“金蓝领”，印证了“蓝领需要千锤百炼”，只要努力，成功就会离我们不远。

职场演练

1. 测试你的决策风格：摘桃

有一片桃园，你允许进去摘桃子，但只许前进不许后退，只能摘一次，要摘一个最大的,你会怎么办?

A. 对视野内的桃子进行比较,形成一个大概的标准,再根据这个标准选择最大的桃子

B. “我感觉这个大!”就摘这个了

C. “去问看桃园的人,让他告诉我什么样的最大!”或者问旁边的人什么样的最大

D. 先别管了,走到最后再说吧

E. 稍微比较,迅速摘一个

根据你的选择,说明你的决策风格。

2. 参考案例中的生涯决策平衡单,请设计一份自身的生涯决策平衡单。

小敏的生涯决策平衡单

小敏,女,某大学的教育技术学专业三年级学生,性格外向,开朗活泼,喜欢与人交往,口头表达能力很强,是学院学生会干部,组织能力强。还有一年就要毕业了,她考虑自己的职业有三个发展方向:中学信息技术教师、市场销售总监、考取计算机专业硕士研究生。以下是她的具体想法:

1. 中学信息技术教师

小敏认为这个职业是她的本专业,存在着最大的专业优势,工作也比较稳定,但目前社会需求量并不大。

2. 市场销售总监

小敏希望用10年的时间能实现这个目标,认为这个职业符合自己的性格、兴趣的需要,同时她也有利用暑期和课余时间兼职做过一些销售的经历,她认为可以利用自己的专业来帮助自己更好地辅助销售工作。

3. 考取计算机专业硕士研究生

小敏的父母都是高校的老师,他们希望小敏能够继续深造,以后到大学任计算机专业教师。但小敏认为虽然高校教师工作稳定,收入也高,但她不喜欢计算机专业的教学工作,且考研也有一定的困难。

下面是小敏利用生涯决策平衡单做出的职业决策的结果:

选择项目 / 加权分数 / 考虑因素		重要性的权数（1～5倍）	中学教师		销售总监		考研	
			＋	－	＋	－	＋	－
个人物质方面得失	1. 符合自己的理想生活方式	5		3	9			5
	2. 适合自己的处境	4	8		9		7	
	3. 有较高的社会地位	3	5			3	9	
	4. 工作比较稳定	5	9			9	9	
	其他							
他人物质方面得失	1. 优厚的经济报酬	4	5		8		9	
	2. 足够的社会资源	5	8		7		9	
个人精神方面得失	1. 适合自己的能力	4	8		9		7	
	2. 适合自己的兴趣	5	5		9			8
	3. 适合自己的价值观	5	6		8		5	
	4. 适合自己的个性	4	7		9		6	
	5. 未来发展空间	5		3	8		9	
	6. 就业机会	4	3		8		9	
他人精神方面得失	1. 符合家人的期望	2	6		5		9	
	2. 与家人相处的时间	3	7		4		9	
加权后合计			312	30	399	54	384	65
加权后得失差数			282		345		319	

小敏通过生涯决策平衡单的决策之后，她的决策方案的得分分别是：市场销售总监＞教研（高校计算机专业教师）＞中学信息技术教师。综合平衡之后，市场销售总监较为符合小敏的职业生涯目标。

第四章　求职的必备条件和技巧

第一节　就业信息的搜集和运用

创新时代实际上是信息时代的天然的伴随物。尽管我们掌握了新的信息，但仍然有薄弱环节，它不是出现在信息的创造上，也不是出现在信息的贮存上，甚至也不在信息的获取上，而是出现在利用新的信息去做新的事情上。

——吉福德·平肖第三

一个善做准备的人，是距成功最近的人。

——拿破仑·希尔

职场故事

赢在起跑线

在某毕业生宿舍，小赵在电脑前不停查找着各种HR网站的信息，智联招聘、前程无忧……他根据自己的专业和兴趣选择着就业岗位。虽然在冬末春初，仍有大滴大滴的汗从他额头滚落。而他邻床的小杨早已胸有成竹，手中早就握着几个单位的就业意向书，从国企到民企，小杨在犹疑不决，但脸上有种灿烂的神情。

同一个专业、同一个宿舍的他们在就业的重要关头面临不同的情况，原因在于他们对就业信息掌握的情况不同。小赵只是单一地将搜集就业信息定位在传统的网站搜索，小杨则从多方面搜集和利用就业信息，赢在了起跑线上。

职场航标

就业信息是毕业生求职择业的前提和必备条件，关系到求职择业的成败。在就业形势日益严峻的信息时代，就业不仅是实力的竞争，也是信息的竞争。因此，毕业生在开始求职之旅时，首要环节就是关注就业信息，并且逐步培养就业信息的搜集、整理加工、储存以及运用的能力，为成功求职做好充分的准备。搜集就业信息必须主要做好以下几方面：

一、就业信息的搜集内容

就业信息的内容十分广泛，作为初次择业的毕业生应主要了解以下五方面的就业信息：

1. 用人单位的基本情况

用人单位的基本情况主要包括名称、产权性质、主管部门、所属行业以及在行业地区中的地位与发展前景、用人单位的发展规模、整体规划、地理环境、企业文化等。要避免择业时带有随意性和盲目性，关键在于掌握用人单位的信息。

2. 招聘岗位的具体情况

招聘岗位的具体情况主要包括需求人才的数量、所需的专业、具体的工作岗位、岗位内容、工作条件、工作环境、福利待遇、个人发展等方面的情况。

3. 应聘条件

在确定具体的岗位目标后，还要了解自己是否具备应聘条件。应聘条件包括对专业、学历、年龄、性别、职业资格、技术等级、身体状况、心理素质等方面的要求。

4. 招聘环节

招聘环节包括报名的时间、地点、方式、准备的材料和证件、用人单位的联系方式等。

5. 就业政策和相关规定

第一，了解国家就业方针、原则和政策及相关的就业法律法规。它是毕业生就业的出发点和归宿，是不能违背的。毕业生只能在国家就业方针、原则和政策所规定的范围内，根据个人的情况选择职业。作为毕业生，必须清楚地了解就业法规、法令，学会用法律来保护自己。第二，地方的用人政策，如北京市各县、区的招聘政策、人事代理政策、落户政策等。

二、就业信息的搜集渠道

求职者必须积极主动掌握足够的就业信息，获取的信息越多，择业的视野就越宽阔。根据目前人才市场及地方的特点，获得就业信息的途径主要有以下几方面：

1. 学校就业指导机构

学校就业指导机构的就业信息具有准确、可靠、多样、具体的特点，是毕业生获取就业信息最直接、最有效、最主要的途径。学校搜集的信息都会及时传至各处，或发布在学校网页的就业信息栏中。

2. 各级就业主管部门、人才服务机构及其组织的有关活动

各级就业主管部门和人才服务机构，是沟通用人单位和大中专毕业生的桥梁和纽带，是为毕业生提供就业服务的专业机构。求职者可通过他们组织的定期或不定期的人才交流洽谈会、大中专毕业生供需见面会等活动获取需求信息，这也是获取信息的重要渠道。

3. 通过网络、报刊、广播、电视等传播媒体

一些用人单位常常通过报纸、杂志、广播、电视等大众传媒介绍本单位的现状、发展前景和人才需求信息。需要特别注意的是，这种信息传播面广，竞争性强，时效快，成功率较低，尤其是网络上的就业信息，混杂着众多假信息、失效信息和失真信息，毕业生对此一定要慎重，并及时向就业指导老师和有关部门咨询，以免上当受骗，误入圈套。

4. 实习、社会实践、社交等活动

毕业生在实习、社会实践中可以直接与用人单位接触，可以更清楚地了解有关需求情况，让用人单位更多地了解自己。无论是现在“共青团青年就业创业见习基地”的建立，还是各地纷纷建立的见习机制，都是毕业生社会实践重要、可靠的途径。

5. 亲朋好友

通过家长、亲戚、朋友、教师、同学等渠道来获取就业信息，有针对性地扩大搜集信息的覆盖面，有时会起到事半功倍的效果。这种信息针对性更强，通常具有毕业生所希望的行业或地区的定向性，对用人单位可以进行更具体的了解，易于双向沟通，因而就业成功率较高。

当然，搜集信息的途径还很多。总的来说，关键在于掌握主动权。

三、就业信息的运用

就业信息的运用是指对经过求职者理解并加工处理后的信息的一个转换过程，即依据信息进行择业的过程。毕业生要学会合理、充分地利用这些有效信息。就业信息的使用必须做到以下几点：

1. 确定职业目标

求职者使用就业信息进行择业时，首先是分析自身条件和实际状况，然后确定职业目标。职业目标的确定是求职者的专长、兴趣、能力、性格、气质、期望值、价值观与社会职业需求之间不断协调的结果。确定职业目标还应把行业目标、收入目标、岗位目标、地区目标等考虑进去。最终确定最适合自己的职业发展目标，然后迅速做出决策，制订最佳实施方案和备选方案，必要时征求专业人士或亲友团的意见。记住适合自己的才是最好的。

2. 了解信息背后的启示

招聘信息往往反映了一个用人单位的发展需求和目标，求职者必须要深入分析思考，转换角度，了解招聘信息背后的动机和启示。用人单位最需要的是安全和保障，希望招进来的人能为他们创造业绩，创造利润，节省成本。他们害怕在招聘上犯错误，用错了人，对他们而言，招聘用人也是一种风险投资。了解信息背后的启示必须站在用人单位的角度上考虑问题，记住不要以自我为中心。

3. 及时准备

就业信息有很强的时效性，又为众多求职者所共有，因此需求信息一旦选定，就要及时主动与用人单位主管人员联系，不要犹豫不决，更不能守株待兔，否则“机不可失，时不再来”。应主动询问面试的方式、时间、地点和要求，并准备好一套自己完整的求职材料，使需求信息尽早变成供需双方深度沟通的重要桥梁。根据筛选出来的需求信息的要求对照检查自己的不足，及时调整自己的期望值以及智能结构。这一做法尽管在毕业前的有限时间内有些仓促，但无动于衷依然故我的做法是绝对错误的，记住犹豫不决会使你痛失良机。

4. 共享信息资源

有些信息对自己不一定有用，可是对他人十分有用，遇到这种情况，要及时输出对他人有用的信息，千万不要抓住这些信息不放。你能主动输出对他人有用的信息，不仅对他人是个帮助，同时也增加了与他人交流信息的机会，说不定你也会从别人手中获得对自己十分有益的信息，帮别人就等于帮自己。因此，与其他的求职者组成一个团体，一起搜集信息，发出求职申请，问他们是否需要你们能够胜任的职位。

连线职场

就业信息的整理，是就业信息全部工作的核心。它是对搜集到的原始信息在数量上加以浓缩，在质量上加以提高，在形式上加以变化，使之真正有利于自己、符合自己的职业目标和需求。这是个去粗取精、去伪存真、由此及彼、由表及里的改造制作过程。就业信息的整理就是对搜集的就业信息进行加工、分析、综合、归类、过滤，从中筛选出适合自身需求的有用信息，作为求职的重要依据和基本前提，更好地为自己求职择业决策服务。就业信息整理一般有以下三个步骤：

一、真伪辨析

利用各种渠道获悉大量的就业信息后，不要急于联系、发简历或打电话，由于就业信息的来源、信息的传播渠道比较复杂、形式多样，搜集到的就业信息有的带有一定的模糊度、多余度、滞后度，有的甚至是虚假信息或骗人的广告。建议求职者首先要判断这些信息的真伪，避免走弯路，对难以把握的就业信息进行认真分析，可通过网络搜索或电话查询，甚至现场调查等办法来确认它的真实性和准确性。比如，当你觉得用人信息可疑时，利用百度搜索引擎输入用人单位名称或地址，通常有不少提示。虚假或骗人的就业信息一般有以下特征，毕业生要严加防范。

(1) 公交车站、大马路、广场等一些公共场合胡乱粘贴的招聘小广告，什么月薪过万，都是胡扯，千万别上当受骗。

(2) 门槛很低，薪酬开得很高，设置责任底薪，要求你必须完成公司规定的业务额。当你达不到目标，不仅拿不到报酬，还白白浪费了时间和金钱，有些公司甚至会找借口炒你鱿鱼。这类公司目前不少，如某些外贸公司或保险公司。

(3) 莫名而来的就业机会。一些骗子公司或传销公司在网络上搜集毕业生资料，主动约会面试，并以此施以行骗、抢劫。比如，一些所谓的星探公司、电子公司，毕业生或异地求职者应该多加提防。

(4) 要求毕业生交一定费用作为工作保证金。当前不少公司有这种做法，严重违反《劳动法》有关规定。这些公司可以视国家法规法纪于不顾，试问有什么诚信可言。

(5) 不透露公司的名字或者名字像化名的，如经常使用“某公司”“某单位”等字眼，公司的基本资料不完整，找不到地址等。

二、筛选

在真伪辨析、删掉无效、内容残缺不全的信息的基础上，毕业生要根据自己的实际情况、专业和特长等设置一套标准，对信息进行进一步筛选，把力量真正用在刀刃上，记住适合自己的才是最好的。

因此，首先要对自己进行分析，可以通过以下问题：

(1) 我的核心竞争力是什么？

(2) 我具备哪些专业理论知识和技术能力？

(3) 我的兴趣爱好是什么？

(4) 我的性格特征适合从事哪些职业？

(5) 这份职业是否可以挖掘和提升我的能力？

(6) 什么是别人做不到而我做得到的？

其次，通过比较排列出质量较高、较完整的就业信息。一般就业信息应该包括以下八个要素：

(1) 用人单位的名称及其所有制。用人单位的名称往往包含着所属的行业、业务范围、所在地区、企业级别、所有制形式等，如“珠海市梅溪牌坊旅游有限公司”“广州市新华人寿保险公司天河直属支公司”等。

(2) 用人单位的主管部门及其发展趋势。随着改革的发展，某些事业编制单位有可能成为私有企业，其主管部门也会相应变化。一般情况下主管部门不同，劳动人事管理办法可能存在差异，而且工资、福利、医疗、养老、住房等待遇也有区别。

(3) 用人单位所属行业及其发展趋势。毕生生供职于不同行业，职业生涯发展也各不相同。

(4) 意向的职业岗位在用人单位中的地位和作用。比如，保险公司的业务员、内训人员、精算师、会计、出纳、保安、司机等多种岗位，都有特定的地位和作用。

(5) 用人单位及意向岗位的工作环境和福利待遇。工作环境包括人际关系、工作时间(有无夜班等)、户外还是户内、编制还是合同、流动还是固定以及工作场所的温度、湿度、噪音等。福利待遇包括工资、奖金、三险一金、退休等，有无入职培训、进修机会和晋升可能也应包括在内。

(6) 用人单位的地理位置和发展前景。地理位置不仅与求职者就业后每天上下班的距离有关，往往还关系到一个单位的发展前景，交通不便、位置偏僻，是发展的不利因素。用人单位的固定资产、流动资金、科技含量、人才构成等因素，与发展前景密切相关。

(7) 用人单位对求职者的具体要求。比如,学历、专业、性别、身高、相貌、体力、户口以及职业资格、技术等级方面的要求,有些用人单位还对心理素质、能否经常出差等方面有特殊要求。

(8) 招聘数量和报名办法。用人单位本次招聘哪些岗位的从业者,每个岗位招聘的数量,报名的时间、地点、方式、应准备哪些证书(如身份证、户口本、学历证书、职业资格证书等)和材料(如简历和有关证明等)。

求职者可按照这八个基本要素对搜集到的大量就业信息进行甄别,经过初步分析和研究,淘汰过时、用处不大、不符合自身实际情况的信息。

三、加工分类与编制储存

加工分类与编制储存是就业信息整理的最后阶段,其意义在于理清事实,便于记忆,便于实践。如果没有有效的分类方法,大量的就业信息就会陷入杂乱无章的境地,这项工作可以说既简单又相对繁琐。建议求职者准备一本专用笔记本,根据本人实际情况与择业理想有针对性地分类整理,然后保存下来,以便于查询。网络上的就业信息则可以用 Word、Excel 或写字板保存起来,也可以通过 Office 办公软件的自带功能迅速进行分类和储存。

1. 就业政策信息整理

就业政策信息整理可以分成国家就业政策信息与各地方政府就业政策信息两类。国家就业政策信息较为稳定,对其主要内容要了解掌握,并注意最新的动态,如国家支援西部的有关优惠政策、"基层就业奖励计划"、广东省的"三支一扶",建议毕业生适当了解。地方政府就业政策是各不相同的,发达地区、欠发达地区、沿海地区或者西部地区所实施的就业政策通常也会因地制宜。因此,求职者一旦确定求职地域后,应关心一下当地的人事政策,如就业优惠政策、晋升待遇、户口迁移、养老保险、社会保障、公积金、应届大中专毕业生准入条件等相关内容,如《关于 2002 年上海市引进非上海生源高校毕业生进沪就业工作的规定》。此外,对于就业法规信息,如《中华人民共和国劳动法》《劳动合同法》等也要有相应了解,这样在求职就业过程中才知道如何维护自己的权益。

2. 单位分布区域整理

单位分布区域整理方便求职者查阅,省时省力。求职者可以按就近原则和可行性适当安排自己的行程。

3. 企业品牌知名度分类整理

企业品牌知名度分类整理是在调查研究的基础上,对企业的所有制、知名度、资产规模、产品的市场占有率、发展潜力等进行综合排序,适度归类整理,如世界500强企业、国内500强企业。行业分类，如国内房地产前50强、广州广告行业100强等。

4. 职位信息分类整理

职位大致可分为三十八大类，分别为：市场营销类、技工类、文教法律类、餐饮娱乐类、医学类、地矿冶金类、园林类、服装纺织与皮革制作类、物流类、计算机类、金融保险类、机械与设备维修类、广告与设计类、交通运输类、理科类、测绘技术类、农林渔牧类、旅游类、汽车类、电子信息技术类、财务类、动力电气类、行政与人事类、化学工程类、能源水利类、金属材料类、客户服务类、公关与媒介类、经营管理类、工厂类、外语类、房地产建筑类、轻工类、生物工程类、环境保护类、贸易类、零售类、其他类。求职者不用每个类别都涉及，做到重点突出，找准自己的职位类别。

就业信息分类和储存后要根据信息变动性和时效性的特点，进行及时更新，否则信息变成“档案”还蒙在鼓里。

适合你的才是最好的

小王和小林在学校时是睡上下铺的好友。毕业时，小王认为，个人要想发展，就应当进大公司去寻找广阔的发展空间，因为大公司名气大，牌子硬，管理规范，发展的机会很多。所以，他立志要到大公司去实现自己的梦想，并且通过努力如愿以偿进了一家大公司。小林则认为，人在哪里工作不是很重要，重要的是要能施展自己的才能，实现自己的价值。他还认为，在小公司里，人少，个人发展的机会反而可能更多。所以，毕业时他找了一家小公司。

在工作实践中，由于小王所在的公司人才济济，他只能做一些与自己的专业没有什么关系的杂活，在相当长的一段时间里，他所在部门的重要工作都由领导安排其他人去做，根本轮不到他去实现自己的愿望。小林的公司则由于人手少，有了活大家一起干，工作成果见效快，他的才能在这里也很快就显露出来。不久，小林的公司由于业务发展，成立了一个公关部和一个策划部，由他出任策划部的经理，负责招聘一批年轻人来部门工作。

小王和小林经过一段时间后，一个整日郁郁寡欢，很不得志；另一个则在公司内如鱼得水，快马加鞭。

求职择业的学生应该对自己做出正确的评价，从不同的招聘单位中选择最适合自己发展的一个。记住：最好的未必适合自己，只有适合自己的才是最好的。

快乐的小盐粒

李亭是一个高职旅游专业毕业生，经常到人才交流会上去找工作，但每次都会无果而归。用人单位有的认为她的学历太低，有的觉得她的专业不对口，有的虽然觉得她专业对口了，但认为她刚毕业，没有工作经验，最后一律将她拒之门外。由于找工作屡屡受到打击，她对工作失去了信心。

一次，李亭妈妈做饭时故意不放盐，菜显得平淡无味。通过这件小事，李亭认识到了一颗小盐粒的重要作用，认识到了每个人都有适合自己的位置。李亭从中受到启发，决心让自己也做一颗快乐的小盐粒，从小事做起，做好自己的本分工作。

从此，李亭变得乐观了，还主动给外国学生当义务导游，她的工作受到了国外游客的赞扬。后来，她加入了一家旅行社，并把工作干得热火朝天。她犹如一颗快乐的小盐粒，在京城各景点，为国外游客介绍悠久灿烂的中华文化和日新月异的现代化建设。

每个人都是社会大机器上不可或缺的一个零件，各有各的作用。就业之前，毕业生一定要准确定位。只有找准自己的坐标才能充分发挥作用，让自己快乐地工作，快乐地生活。

职场演练

搜集一些求职信息并筛选出适合自己的求职信息。

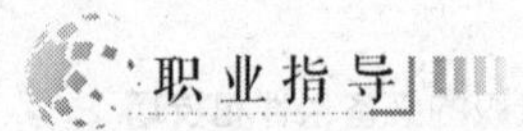

第二节　求职准备

做事前要明确目的，做好准备，没有装备好弹药的士兵只能是炮灰。

——佚名

生活不会善待没有准备的人，甚至常常是粗暴和残酷的；但是对待有充分准备的人则是非常驯服的，承认你是主人，情愿为你服务。

——泰戈尔

职场故事

简历要突出自身特点

王经理是某企业的人事部经理，拥有丰富的招聘经验，谈到求职者应聘，尤其是投递的简历时，感触颇深："学生投递的简历存在很多问题，有些只把自己的资料简单罗列，没有主次之分；有些准备得过于简单，只有最基本的个人信息；有些没有重点，或者试图证明自己是一个适合于所有职位的"万金油"；诸如此类，当面对这些简历时，往往意味着求职者连面试的机会都没有，当然不可能求职成功。"

想一想：准备怎样的就业求职资料，才能对成功就业提供更多的帮助呢？

职场航标

毕业生成功地向用人单位推销自己，准备好具有说服力和吸引力的求职书面材料是成功择业的第一步。求职材料一般包括求职信、个人简历、就业推荐表和其他相关材料组成的完整的材料。其中，求职信和个人简历是中职毕业生求职时最重要的两种资料。

一、求职信

求职信是针对特定的用人单位写的。用人单位往往会根据毕业生的求职信来判断毕业生是否适合用人单位的需求，是否提供面试的机会。在成百上千的求职信中，如何使自己的求职信与众不同且能脱颖而出，让用人单位给自己一个难得的面试机会，求职信的质量事关重大。

1. 求职信的格式

求职信的格式和书信的格式类似，一般说来由开头、正文、结尾、落款四部分组成。

（1）开头。求职信的开头要写明收信人的称呼。在格式上，称呼要在信笺第一行起首的位置书写，单独成行，以示尊重。如果对用人单位的性质及负责人比较清楚，可直接写出负责人的职称、职位，如“尊敬的王经理”“尊敬的李部长”；如果对用人单位的性质及负责人不清楚，可写成“尊敬的领导”等。称呼之后用冒号，然后另起一行，写上问候语“您好”之类的话，紧接着写正文。

（2）正文。正文是求职信的核心部分，主要包括个人基本情况，个人所具备的条件，如受过何种奖励、社会实践情况、担任社会职务以及参加各种竞赛情况等，这是求职的关键部分。应突出自己对从事此项工作感兴趣的原因，愿意到该单位工作的愿望和自己具备的资格。

正文部分可写内容比较多，一定要简明扼要，重在突出你就是最适合这个职位的人选，写明你对招聘单位的理解程度，你应聘这个岗位和能胜任本岗位的各种能力。简单来说，正文实际上就是“我有什么+我能做什么/我要做什么”。

（3）结尾。求职信的结尾应写好结束语，不要虎头蛇尾。结束语可提醒用人单位希望得到他们的回复或回电，以表达你希望用人单位给你面试机会的心愿，如可以写上“希望得到您的回音为盼”“盼复”等；也可写上简短的表示敬意、祝愿之类的祝词，如“祝贵公司兴旺发达”“深表谢意”等语句，或“此致、敬礼”之类的普通用语。

（4）落款。落款包括署名和日期。署名应写在结尾祝词的下一行的右后方，署名要注意字迹清晰。日期应写在名字下方，一般用阿拉伯数字，并且要把年、月、日写上。若有附件，应在信的左下角注明，如“附 1：个人简历”“附 2：获奖证明”等。

2. 写好求职信应注意的问题

求职信写起来不难，但写好不易。求职信因其特殊性，要求毕业生写出的求职信既要有吸引力，又不落俗套，还要突出自己的个性和特长。具体如下：

（1）在求职信中，对自己的优缺点需要进行艺术处理。毕业生既不能对自己缺乏自信，也不能自吹自擂，炫耀浮夸。适度的谦虚是一种美德，也会使用人单位产生好感，但过分的谦虚容易使用人单位产生一种虚假无能或缺乏自信的感觉。在竞争日益激烈的社会，没有一家用人单位愿意录用一个没有自信的人，这样就会白白断送求职机会。与此相反，个别同学认为求职是一个自我推销的过程，既然“推销”就应该进行精心包装，但在经验丰富的人事主管面前，这种不切实际的自吹自擂很容易被揭穿。写求职信不能只写优点，回避缺点，也不能让缺点比重过大，应做到适度“推销”。

（2）恰如其分地进行文字处理。求职信要做到文字工整、清洁、美观，不要出现错别字，语气恰如其分，语句流畅通顺，文字通俗易懂，切忌字迹潦草、书写脏乱、滥用词句、哗众取宠。“字如其人”，整洁、美观的字会给用人单位留下严谨、干练、利索的感觉，而字迹潦草、龙飞凤舞则会给用人单位留下办事草率、敷衍了事的不良印象。在一份比较成功的求职信中，千万不要出现错别字，不要以为瑕不掩瑜。如果不是在书法方面有特长，求职信最好用电脑打印。

（3）求职信最好与个人简历、有关证明材料、获奖证书复印件一并寄给用人单位，使之有一份系统、完整的自荐材料，给对方以办事认真、考虑问题周全的印象。证明材料、证书可复印，以便多方使用。信封和信笺纸切忌选用有外单位名称的。

（4）求职信篇幅要适中，不宜过长，最好 1 页纸。能够打动阅读者，就算成功，“莫以长短论英雄”。

二、个人简历

所谓简历，就是概括介绍毕业生个人基本情况，并对个人的技能、成就、经验、教育程度、求职意向作一个简单的总结。个人简历是求职的重要工具，和求职信一样是求职者在求职过程中必不可少的书面材料，它能引起用人单位注意，以赢得面试的机会，进而充分展示个人的能力和才华，达到被录用的目的。

1. 个人简历的内容

简历并没有固定格式，对于社会经历较少的中职毕业生，一般包括本人基本情况、个人履历、学习经历、社会实践经历、专业技能、联系方式等。

（1）本人基本情况：包括姓名、性别、籍贯、民族、学历、学位、政治面貌、学校、专业、身高、毕业时间。一般个人基本情况越详细越好。

（2）个人履历：指从高中到就业前所获得最高学历之间的经历。

（3）学习经历：指主修、辅修、选修的科目以及成绩。尤其要体现出与你应聘职位相关的教育科目和专业知识。

（4）社会实践经历：指在学校期间你在实践工作中担任的职务和获得的相

关经验，参加的社团活动和实习、兼职的经历。由于毕业生没有工作经验，很多单位非常重视毕业生的实践经历。通过这些经历表现出你某方面的优势，如组织能力、协调能力、合作精神等。

（5）专业技能：指你获得专业技能证书和职业资格证书，这部分也是用人单位比较看中的实践能力的一种证明和体现。

（6）联系方式：为让用人单位可以随时找到你，联系方式包括固定电话号码、手机号码、Email、通讯地址等。

此外，个人简历制作时可根据应聘单位的要求和个人的具体情况，还可选择增加个人兴趣、爱好、性格特点、外语水平和计算机水平、求职意向等相关内容。

2. 个人简历的要求

（1）突出自己的特点、专业特长，简历的部分内容可具体化。比如，有的毕业生在简历上写道："曾担任系学生会主席，工作成绩突出"，这样写就过于简单，如果能改成："2012～2013 学年担任系学生会主席，主持学生会工作，安排与协调十个部的工作与活动，2013 年被评为优秀学生会主席"，会给用人单位留下更深刻的印象。

（2）由于个人简历采用目录形式，所以必须简洁有力。写简历不要事无巨细地罗列自己所有的经历和经验，而要选择主要的内容作介绍。

（3）表达力求突出个性、避免平庸。针对不同的求职岗位需要制作不同的简历，即根据不同的岗位需求要有对应的求职内容。

（4）用词妥当，言语诚恳，自信而不自大，自谦而不自卑。

（5）最好控制在一张 A4 纸内，版面清秀，纸张干净，无错别字。

三、其他资料

除了求职信和个人简历，毕业生还要准备好推荐表和获奖证书、成果证书、技能考核证书等各种反映自己各方面能力的证明材料的复印件，这些材料是对求职信、个人简历的有益补充。

连线职场

一、求职信范例

求职信

尊敬的王部长：

您好！

蒙您在百忙之中为我开启了成功的大门。在此，非常感谢您给予我展示自我的舞台和施展才华的机会！

在这人生宝贵的三年中，我系统地掌握了市场营销的有关知识，由于对会计学的酷爱和迎接日益激烈的竞争和挑战，我又努力学习了会计学，已熟练掌握会计学专业的相关知识，精通金碟和用友等财务软件，对会计、税法、经济法具有浓厚兴趣。此外，能熟练操作 Office 办公软件。在校期间，我学习刻苦认真，取得了优异成绩，连续三年获综合和专业奖学金。

在校学习三年，我积极参加学校和社会各种实践活动，曾担任校晨曦文学社的秘书部长和摄影协会的组织部长，参与策划了大型晚会“把自信留给自己”和“奔腾岁月”，及参与组织了摄影协会的野外实习活动，受到学院领导的好评和广大同学的积极响应。我注重各方面能力的培养，曾实习推销太阳能热水器等，学生工作使我有了较强的组织协调能力和团队合作精神，实习工作培养了我吃苦耐劳、积极进取的工作作风，而知识的积累让我满怀希望和信心。

我为人谦和大方，乐于助人，充满活力，富幽默感，具有良好的团队协作精神和集体主义荣誉感，工作认真负责，做事细致严谨，富责任感，生活态度积极乐观，坚韧向上，对生活和工作充满了热情和信心。

正所谓学以致用，在校三年所学就是为了能在实际的工作中得到运用和发挥。如果贵公司选择了我，不管它是贫穷还是富有，顺境还是逆境，我都将投入全部的热情，与它风雨同舟，荣辱与共！即使贵公司认为我还不符合条件，我也将一如既往地关注贵公司的发展，并在此致以最诚挚的祝愿，恳请回复！

此致！

敬祝贵公司更上一层楼！

自荐人：王某某

2014 年 4 月 10 日

二、个人简历的模板

<table>
<tr><td>姓名</td><td></td><td>性别</td><td></td><td>民族</td><td></td><td rowspan="4"></td></tr>
<tr><td>身高</td><td></td><td>体重</td><td></td><td>政治面貌</td><td></td></tr>
<tr><td>出生年月</td><td></td><td>籍贯</td><td></td><td>毕业时间</td><td></td></tr>
<tr><td>学历</td><td></td><td>学制</td><td></td><td>专业</td><td></td></tr>
<tr><td>毕业学校</td><td colspan="6"></td></tr>
<tr><td>联系地址</td><td colspan="4"></td><td>邮编</td><td></td></tr>
<tr><td>英语水平</td><td></td><td>计算机水平</td><td></td><td>擅长</td><td></td></tr>
<tr><td>联系电话</td><td></td><td>手机</td><td></td><td>QQ</td><td></td></tr>
</table>

续表

爱好特长		
熟悉的软件		
在校期间的工作		
获得证书		
奖励情况		
学习及实践经历		
时　间	地区、学校或单位	经　历
自我介绍		
自我评定		

赢在职场

面试不打无准备之战

小李是某校国际贸易专业，现供职于某知名化妆品企业。

临近毕业，小李和同学们一样忙得团团乱转，哪里有人才市场，哪里就有小李的身影。房地产公司、财政部门、银行、高校、咨询公司、销售公司……几乎把所有与专业有所挂钩的单位都跑遍了，投了很多简历。不久，各个单位的面试通知开始陆陆续续地来了。

小李经历的第一次面试是失败的，主考官当时让小李即兴做一回5分钟的推销员。“当时就蒙了”

后来又经历了一次面试，这回主考官要求10位求职者围成一个圆圈做抢答题。吃一堑长一智，小李这次妙语连珠，而且把答案设计得与众不同。当时小李觉得自己表现得很出色，可还是落选了。事后，询问主考官，主考官对小李说，我们单位最看中的是招聘者有务实的工作态度和真诚的合作意识，你的口才很好，但我们不需要。小李这才悟出了一个道理：不同的单位、不同的职位有不同的需要，大智若愚与锋芒毕露都要“适销对路”才有用武之地。

小李开始寻找面试应对的资料，在每次面试之前详细地了解对方的基本情况。在去公司面试的前一天，小李拿着产品介绍书，专门跑到大商场里去辨认这些东西，并且扮成顾客的模样，请售货员讲解产品的性质和特点，小李还从中了解到许多市场信息。

第二天面试的时候，有备而来的小李凭着过硬的专业知识和灵敏的头脑，不仅流利地回答了主考官的问题，还就产品结构与销售情况谈了自己的建议。最后，终于成功了。

要广撒网，面试前要充分准备。对于年轻的毕业生来说，在应聘时广撒网很重要，尤其是就业形势紧张的时候。只要是和自己专业相关或有兴趣的企业都可以去投简历，试一试。面试过程很重要，面试前针对企业进行个性化的准备有时能起到意想不到的效果。

与众不同，走向成功

全球现有60亿人，你与大家的不同是什么？

乔·巴斯比像所有怀揣梦想的年轻人一样，毕业后，便风风火火地投入到求职大军中。投简历，频频出入人才市场，尽一切可能让自己在众人中显露出来。

坚持了两年，却没有一间公司伸出橄榄枝。巴斯比再也坐不住了，频遭打击的他心情低落到极点。他将自己的委屈一股脑讲给父亲听。

父亲正在收拾一盘青豆，他要将那些饱满的豆子挑出来当做明年的种子。听完儿子遭遇的一切，这位白发老人随手从盘子里捡起一粒青豆，对巴斯比说：“孩子，你仔细看看这粒豆子，等一会，我要把它重新丢进盘里，再由你把它找出来。”说完，父亲就把这粒豆子丢进了盘里。

巴斯比没有寻找那粒青豆，他苦笑了下，说：“这些青豆都是一个模样，我怎么可能找出你刚才丢下去的那一粒？”

“是呀，在成千上万的青豆中，找出我刚丢下的那粒如同大海捞针，可是，如果丢下的是这粒呢？”父亲一边笑着说，一边变魔术般地打开手掌——他的手心里赫然出现一颗长相奇特的青豆，这颗青豆比普通的青豆要大很多，颜色也明显的不同。

父亲的话颇有深意，巴斯比顿悟似的惊叫起来：“是呀，如果我把自己的简历做的标新立异一些，我一定会从众多求职者中脱颖而出！”

接下来的一周内，巴斯比就把自己锁在卧室里，专心思考推销自己的好方法。

一周后，专属于巴斯比的简历“新鲜出炉了”。这份简历也不是用来投递的，而是“穿”在身上。

巴斯比花费了25英镑特别定制了一件T恤，T恤的前胸印着两个大大的英文单词“EMPLOY ME”（雇佣我吧），后背则密密麻麻地印着更为详细的个人简历。巴斯比穿着这件“T恤简历”上街，吸引了极高的回头率，甚至还被网友拍照后发在网上。短短几天，这张照片的点击率就超过了10万。连英国最著名的报纸《镜报》都报道了此事。

多家公司开始注意到这个与众不同的小伙子，纷纷向他发出聘任邀请，极力要将他招致麾下。

“山重水复疑无路”时，不妨让思想转个弯，发掘自己的独特面，也许就能迎来“柳暗花明又一村”的局面。

职场演练

举办“毕业生个人简历、求职信大赛”。

活动提示：

1. 做好前期的准备工作。
2. 举办有关简历制作、求职信书写的专题讲座。
3. 实施活动计划。
4. 评选并展示优秀作品。
5. 对于优秀作品，学校就业指导部门可推荐到相关单位。

第三节　求职面试技巧

推销是一种才华，是一种艺术，有了这种才能，你就能安身立命，使自己处于不败之地。

——戴尔·卡耐基

细节不是“细枝末节”，而是用心，是一种认真的态度和科学的精神。

——汪中求

职场故事

故事一

独立方能自立

会计专业的小李收到知名企业发来的面试通知时，心里既高兴又紧张。一开始，考官对她的素质挺满意。最后，考官对她说：“根据你的性格特点，我们想把你安排在办公室，可能跟你的专业不对口，但是我们认为你更适合这个岗位。”李丽拿不定主意，小声地说：“要不，我回去和爸爸妈妈商量一下？”

主考官愣了一下，“好吧，”他微笑着说，“不过要记得，以后你参加面试的时候，不要说‘和爸爸妈妈商量一下’，因为这样会显得你没有主见，明白吗？”

故事二

具备团队合作精神

参加招聘会时，国际贸易专业的小金“杀”入了一家国内知名企业的面试现场，据说投简历的就有两百多人，最后获得面试资格的只有30多人。在三人一组回答面试官的问题时，小金觉得要脱颖而出必须表现得更积极。所以在回答时，总是抢在别人前面，多说两句。

面试官看到这一点，特意问他：“如果你跟同事发生矛盾，怎么办？”小金不假思索地说：“最重要的是工作，有没有矛盾无所谓。”一个星期后他被告知不必参加复试了，因为公司觉得他不注重团队合作精神。

学生气太重是当前一些中职毕业生的“通病”。要记住，走上社会后就要学会独立自主，凡事依靠父母的学生，很难获得用人单位的信任。自信和骄傲有时就在一线之间，骄傲的人令人生厌，没有团队合作的概念、不合群的人也很难受到青睐，用人单位不会喜欢一个单打独斗的独行侠。

职场航标

面试是以面对面的交谈和观察为主要手段，由表及里测评应试者综合素质的一种方式。对用人单位来说，是选择人才的一种重要方式。对个人来说，是成功求职的临门一脚。接受面试是每个人都无法回避的，因此，学习和了解必要的面试技巧对中职生来说非常重要。

一、面试前的准备

1. 材料准备

（1）材料：推荐表、个人简历、自荐信、身份证、各种证书的原件及复印件、照片等。所有准备好的文件都应平整地放在一个袋子中。

（2）物品：黑色笔、笔记本、包。

（3）资料：用人单位的各种资讯，自我介绍、面试的参考材料。

2. 心理准备

面试就好比是一场考试，在测试每个人的能力，也在测试每个人的心理素质和临场发挥。因此，要成功面试，首先，要充满信心。“天高任鸟飞，海阔凭鱼跃”，保持良好的状态，快乐的心情，会大有好处。其次，要抓住招聘者的心。招聘者可能会先评价一个求职者的衣着、外表、仪态及行为举止；也可能会对求职者的专业知识、口才、谈话技巧做整体性的考核；还可能会从面谈中了解求职者的性格及人际关系，并从谈话过程中了解求职者的情绪状况、人格成熟度、工作理想、抱负及上进心。

3. 信息准备

充分了解用人单位的相关信息对求职者来说非常重要。对用人单位的性质、地址、业务范围、经营业绩、发展前景、对应聘岗位职务及所需的专业知识和技能等要有一个全面的了解。单位的性质不同，对求职者面试的侧重点不同。一位资深人力资源专员说：“面试时，我们都会问求职者对我们公司了解多少，如果他能很详细地回答出我们公司的历史、现状、主要产品，我们会高兴，会认为他很重视我们公司，对我们公司也有信心。”同时求职者还应该通过熟人、朋友或有关部门了解当天对你进行面试考官的有关情况及面试的方式过程以及面试时间安排，索取可能提供给你的任何说明材料。

4. 仪表准备

适宜的装扮容易给招聘者留下良好的印象，也是一种礼貌的行为。面试前应注意修饰自己的仪表，使穿着打扮与年龄、身份、个性等相协调，与应聘的职业岗位相一致。

男生面试前不要喝酒、熬夜、抽烟；头发整齐，不要太长，更忌油头粉面；如戴眼镜，不戴太旧或太新潮的眼镜框架；穿颜色庄重的西装，衣裤笔挺；不穿牛仔衣裤、休闲衫等；衬衫新旧要适当；领带颜色不要太鲜艳，质量中档以上；皮鞋八成新以上，要擦亮。

女生着装以整洁美观、稳重大方、协调高雅为总原则。头发整齐，不染发；穿职业套装，裙子不宜太短；不穿太紧、太露、太薄衣服；指甲不染色，不戴夸张饰物；略施淡妆，切忌浓妆艳抹；不擦过多香水；穿中、高跟鞋，不穿平跟鞋、大头鞋。

二、面试技巧

1. 面试中的基本礼仪

(1) 一旦和用人单位约好面试时间后，最好提前 5～10 分钟到达面试地点，以表示求职者的诚意，给对方以信任感，同时也可调整自己的心态，作一些简单的仪表准备，以免仓促上阵，手忙脚乱。为了做到这一点，一定要牢记面试的时间、地点，有条件的同学最好能提前去一趟，以免因一时找不到地方或途中延误而迟到。如果迟到了，肯定会给招聘者留下不好的印象，甚至会丧失面试的机会。

(2) 进入面试场合时不要紧张。

(3) 对用人单位的问题要逐一回答。

(4) 在整个面试过程中，在保持举止文雅大方，谈吐谦虚谨慎，态度积极热情。

2. 语言运用技巧

面试场上你的语言表达艺术标志着你的成熟程度和综合素养。对求职应试者来说，掌握语言表达的技巧无疑是重要的。那么，面试中怎样恰当地运用谈话的技巧呢?

(1) 口齿清晰，语言流利，文雅大方。交谈时要注意发音准确，吐字清晰。还要注意控制说话的速度，以免磕磕绊绊，影响语言的流畅。为了增添语言的魅力，应注意修辞美妙，忌用口头禅，更不能有不文明的语言。

(2) 语气平和，语调恰当，音量适中。面试时要注意语言、语调、语气的正确运用。打招呼时宜用上语调，加重语气并带拖音，以引起对方的注意。自我介绍时，最好多用平缓的陈述语气，不宜使用感叹语气或祈使句。声音过大令人厌烦，声音过小则难以听清。音量的大小要根据面试现场情况而定。

(3) 语言要含蓄、机智、幽默。说话时除了表达清晰以外，适当的时候可以插进幽默的语言，使谈话增加轻松愉快的气氛，也会展示自己的优越气质和从容风度。尤其是当遇到难以回答的问题时，机智幽默的语言会显示自己的聪明智慧，有助于化险为夷，并给人以良好的印象。

(4) 注意听者的反应。求职面试不同于演讲，而是更接近于一般的交谈。交谈中，应随时注意听者的反应。比如，听者心不在焉，可能表示他对自己这段话没有兴趣，你得设法转移话题；侧耳倾听，可能说明由于自己音量过小使对方难于听清；皱眉、摆头可能表示自己言语中有不当之处。根据对方的这些反应，就要适时地调整自己的语言、语调、语气、音量、修辞，包括陈述内容。这样才能取得良好的面试效果。

3. 回答问题的技巧

(1) 把握重点，简洁明了，条理清楚，有理有据。一般情况下回答问题要结论在先，议论在后，先将自己的中心意思表达清晰，然后再做叙述和论证；否则，长篇大论，会让人不得要领。面试时间有限，神经有些紧张，多余的话太多，容易走题，反倒会将主题冲淡或漏掉。

(2) 讲清原委，避免抽象。用人单位提问总是想了解一些应试者的具体情况，切不可简单地仅以“是”和“否”作答。应针对所提问题的不同，有的需要解释原因，有的需要说明程度。不讲原委，过于抽象的回答，往往不会给主试者留下具体的印象。

(3)确认提问内容，切忌答非所问。面试中，如果对用人单位提出的问题一时摸不到边际，以致不知从何答起或难以理解对方问题的含义时，可将问题复述一遍，并先谈自己对这一问题的理解，请教对方以确认内容。对不太明确的问题，一定要搞清楚，这样才会有的放矢，不至于答非所问。

(4) 有个人见解，有个人特色。主考官有时接待应试者若干名，相同的问题问若干遍，类似的回答也要听若干遍。因此，主考官会有乏味、枯燥之感。只有具有独到的个人见解和个人特色的回答，才会引起对方的兴趣和注意。

(5) 知之为知之，不知为不知。面试遇到自己不知、不懂、不会的问题时，回避闪烁，默不作声，牵强附会，不懂装懂的做法均不足取，诚恳坦率地承认自己的不足之处，反倒会赢得主试者的信任和好感。

4. 注意身体语言

身体语言在人际交流中占 50％以上，有些人面试失败，不知道输在哪里。

其实，除了职场竞争激烈的主要原因外，面试时身体语言表现不当而暴露弱点也是一个重要因素。身体语言包括说话时的目光接触、身体的姿势控制、习惯动作和讲话时的嗓音等。

(1) 目光接触。面试时，应试者应当与主考官保持目光接触，以表示对主考官的尊重。目光接触的技巧是，盯住主考官的鼻梁处，每次 15 秒左右，然后自然地转向其他地方。例如，望向主考官的手、办公桌等其他地方，然后隔 30 秒左右，又再望向主考官的双眼鼻梁处。切忌目光犹疑，躲避闪烁，这是缺乏自信的表现。

(2) 身体姿势和习惯动作。在进出面试办公室时，注意进退礼仪，一定要保持抬头挺胸的姿态和饱满的精神，不要与人交谈时频繁地耸肩、手舞足蹈、左顾右盼，坐姿歪斜，晃动双腿等，这都是不好的身体语言。总之，手势不宜过多，需要时适度配合表达。

(3) 讲话时的嗓音。嗓音可以看出一个人是否紧张，是否自信等，平时应多练习演讲、交谈的艺术，控制说话的语速，不要尖声尖气，声细无力，应保持音调平静，音量适中，回答简练，不带"嗯""这个"等无关紧要的习惯语，这些都显示出在自我表达方面不专业。

连线职场

面试中主考官的提问是多方面的，了解一些经常遇到的问题，掌握一些应对的策略和技巧，可以增强应对面试的能力，提高成功的几率。

以下提供一些面试常见问题及经典回答技巧：

★ 问题一："你为什么选择我们公司？"

思路：

1. 面试官试图从中了解你求职的动机、愿望以及对此项工作的态度。

2. 建议从行业、企业和岗位这三个角度来回答。

3. 参考答案："我十分看好贵公司所在的行业，我认为贵公司十分重视人才，而且这项工作很适合我，相信自己一定能做好。"

★ 问题二："谈谈你的家庭情况。"

思路：

1. 对于了解应聘者的性格、观念、心态等有一定的作用，这是招聘单位问该问题的主要原因。

2. 简单地罗列家庭人口。

3. 宜强调温馨和睦的家庭氛围。

4. 宜强调父母对自己教育的重视。

5. 宜强调各位家庭成员的良好状况。

6. 宜强调家庭成员对自己工作的支持。

7. 宜强调自己对家庭的责任感。

★ 问题三:“你的座右铭是什么?”

思路:

1. 座右铭能在一定程度上反映应聘者的性格、观念、心态,这是面试官问这个问题的主要原因。

2. 不宜说那些易引起不好联想的座右铭。

3. 不宜说那些太抽象的座右铭。

4. 不宜说太长的座右铭。

5. 座右铭最好能反映出自己某种优秀品质。

6. 参考答案:“只为成功找方法,不为失败找借口。”

★ 问题四:“你最崇拜谁?”

思路:

1. 最崇拜的人能在一定程度上反映应聘者的性格、观念、心态,这是面试官问该问题的主要原因。

2. 不宜说自己谁都不崇拜。

3. 不宜说崇拜自己。

4. 不宜说崇拜一个虚幻的或者不知名的人。

5. 不宜说崇拜一个明显具有负面形象的人。

6. 所崇拜的人最好与自己所应聘的工作能“搭”上关系。

7. 最好说出自己所崇拜的人的哪些品质、哪些思想感染着自己、鼓舞着自己。

★ 问题五:“请你自我介绍一下。”

思路:

1. 这是面试的必考题目。

2. 介绍内容要与个人简历相一致。

3. 表述方式上尽量口语化。

4. 要切中要害,不谈无关、无用的内容。

5. 条理要清晰,层次要分明。

6. 事先最好以文字的形式写好背熟。

★ 问题六:“你有什么业余爱好?”

思路：

1. 业余爱好能在一定程度上反映应聘者的性格、观念、心态，这是招聘单位问该问题的主要原因。

2. 最好不要说自己没有业余爱好。

3. 不要说自己有哪些庸俗的、令人感觉不好的爱好。

4. 最好不要说自己仅限于读书、听音乐、上网，否则可能令面试官怀疑应聘者性格孤僻。

5. 最好能有一些户外的业余爱好来“点缀”你的形象。

★ 问题七：“谈一谈你的一次失败经历。”

思路：

1. 不宜说自己没有失败的经历。

2. 不宜把那些明显的成功说成是失败。

3. 不宜说出严重影响所应聘工作的失败经历。

4. 所谈经历的结果应是失败的。

5. 宜说明失败之前自己曾信心百倍、尽心尽力。

6. 说明仅仅是由于外在客观原因导致失败。

7. 失败后自己很快振作起来，以更加饱满的热情面对以后的工作。

★ 问题八：“谈谈你的缺点。”

思路：

1. 不宜说自己没缺点。

2. 不宜把那些明显的优点说成缺点。

3. 不宜说出严重影响所应聘工作的缺点。

4. 不宜说出令人不放心、不舒服的缺点。

5. 可以说出一些对于所应聘工作“无关紧要”的缺点，甚至是一些表面上看是缺点，从工作的角度看却是优点的缺点。

★ 问题九：“你希望与什么样的上级共事？”

思路：

1. 通过应聘者对上级的“希望”可以判断出应聘者对自我要求的意识，这既是一个陷阱，又是一次机会。

2. 最好回避对上级具体的希望，多谈对自己的要求。

3. 如“作为刚步入社会新人，我应该多要求自己尽快熟悉环境、适应环境，而不应该对环境提出什么要求，只要能发挥我的专长就可以了。”

★ 问题十:“与上级意见不一样,你将怎么办?”

思路:

1. 一般可以这样回答:“我会给上级以必要的解释和提醒,在这种情况下,我会服从上级的意见。”

2. 如果面试你的是总经理,而你所应聘的职位另有一位经理,且这位经理当时不在场,可以这样回答:“对于非原则性问题,我会服从上级的意见,对于涉及公司利益的重大问题,我希望能向更高层领导反映。”

★ 问题十一:“对这项工作,你有哪些可预见的困难?”

思路:

1. 不宜直接说出具体的困难,否则可能令对方怀疑应聘者不行。

2. 可以尝试迂回战术,说出应聘者对困难所持有的态度——“工作中出现一些困难是正常的,也是难免的,但是只要有坚忍不拔的毅力、良好的合作精神以及事前周密而充分的准备,任何困难都是可以克服的。”

★ 问题十二:“我们为什么要录用你?”

思路:

1. 应聘者最好站在招聘单位的角度来回答。

2. 招聘单位一般会录用这样的应聘者:基本符合条件、对这份工作感兴趣、有足够的信心。

3. 如“我符合贵公司的招聘条件,凭我目前掌握的技能、高度的责任感和良好的适应能力及学习能力 ,完全能胜任这份工作。我十分希望能为贵公司服务,如果贵公司给我这个机会,我一定能成为贵公司的栋梁!”

★ 问题十三:“你是应届毕业生,缺乏经验,如何能胜任这项工作?”

思路:

1. 如果招聘单位对应届毕业生的应聘者提出这个问题,说明招聘单位并不真正在乎“经验”,关键看应聘者怎样回答。

2. 对这个问题的回答最好要体现出应聘者的诚恳、机智、果敢及敬业。

3. 如“作为应届毕业生,在工作经验方面的确会有所欠缺,因此在读书期间我一直利用各种机会在这个行业里做兼职。我也发现,实际工作远比书本知识丰富、复杂。但我有较强的责任心、适应能力和学习能力,而且比较勤奋,所以在兼职中均能圆满完成各项工作,从中获取的经验也令我受益匪浅。请贵公司放心,学校所学及兼职的工作经验使我一定能胜任这个职位。”

★ 问题十四:“你能为我们做什么?”

思路：

1. 基本原则上"投其所好"。

2. 回答这个问题前应聘者最好能"先发制人"，了解招聘单位期待这个职位所能发挥的作用。

3. 应聘者可以根据自己的了解，结合自己在专业领域的优势来回答这个问题。

★ 问题十五："如果我录用你，你将怎样开展工作？"

思路：

1. 如果应聘者对于应聘的职位缺乏足够的了解，最好不要直接说出自己开展工作的具体办法。

2. 可以尝试采用迂回战术来回答，如"首先听取领导的指示和要求，然后就有关情况进行了解和熟悉，接下来制订一份近期的工作计划并报领导批准，最后根据计划开展工作。"

赢在职场

地上的小纸团

一家需招聘高级管理人才的公司，对一群应聘者进行复试。应聘者一个个满怀信心地回答了考官们甚为简单的提问，可当他们听到结果退出来时，无一例外都是满脸失望。轮到后来一个，他走进房门时，发现干净的地毯上很不协调地扔着一个纸团。一丝不苟的习惯使他弯腰捡起它。这时考官说："请看看您捡起的纸团。"这位应聘者打开纸团，只见上面写着："热忱欢迎您到我们公司任职。"后来这位应聘者成了一家著名大公司的总裁。

一位管理学大师说过，现在的竞争，就是细节的竞争。细节影响品质，细节体现品位，细节显示差异，细节决定成败。在这个讲求精细化的时代，细节往往能反映你的专业水准，突出你内在的素质。灿烂星河是由无数星星汇聚的，伟业丰功也是由琐事、小事积累的，让我们不吝从小事做起，把小事做精，把细节做亮！

煮熟的鸭子飞了

小李、小谭是住在同一个宿舍的学生，他们所学的专业都是市场营销。毕业时，他们在学校的食堂前看到了一家外企的招聘启事，都寄去了自己的求职材料。后来他们都顺利地通过了笔试,并同时收到了面试通知。面试时,他们被分在两个会议室。

主考官问了小李一系列关于市场营销的问题。小李对答如流,并不时提出自己的新见解,受到了主考官的赞赏。在另一个会议室,小谭的面试也进行得很顺利,主考官对他的回答也表示十分满意。

在面试就要结束时,主考官向小李和小谭提出了同样的问题:"对不起,我们公司的电脑出了故障,参加面试的名单里没有你,非常抱歉!"不过,说这句话的是在不同的会议室里。

胜利在望的小李听到了主考官的话后,马上就变得没有了风度。他生气了,质问主考官为什么会出现这样的事,他这么优秀的一个人,在学校里每次考试都是第一名,为什么居然不能进入面试?他说,这是公司成心在耍他。

主考官对他说:"你先别生气。其实,我们的电脑并没有出错,你以第一名的成绩进入了我们的面试名单。刚才的插曲不过是我们给你出的最后一道题。针对竞争激烈的就业,你感到惶恐和不安是正常的。但是,你的心理承受能力实在是太差了。市场营销部是全公司最有可能经历风险的部门,作为这个部门的高级人员,我们需要有良好的心理素质的人才。我们希望你能找到更合适的工作。"

小李愣住了:前功尽弃了!没想到这也是一道考题!

而在另一间会议室里,小谭在听完了同样的问题之后,面带微笑,十分镇定地说:"我对贵公司发生的这个错误十分遗憾,但是我今天既然来了,就说明我和公司有缘分。我想请您给我一次机会。这个计算机的失误对于我来说,或许是人生的一个难得的机遇,对于公司来说,这或许意外地选择了一个优秀的员工。"

主考官露出了满意的神情:"你真是一个不错的小伙子!我愿意给你这个机会。"

有无良好的心理素质,对成才和就业有着重要的影响。用人单位很重视求职者的心理素质。如果心理十分脆弱,就算他专业成绩再好,也会错失良机。所以,毕业生平时应当不断努力提高自己的心理素质。

诚实的魅力

小田是应届毕业生。为了能找到一份相对满意的工作,几个月来她一直奔波于各种人才招聘会。在熙熙攘攘的招聘会现场,小田递出了上百份的应聘简历,但结果却让她很失望。由于她的学历一般,又没有什么工作经历,招聘人员一句"请回去等候通知"就客客气气地把她打发了。甚至有些单位一看应聘的是女生,干脆就一口回绝了。激烈的职场竞争,身心疲惫的应聘经历,这一切让小田感到了很大的心理压力。

就在小田心灰意冷的时候,她意外地接到了某知名外企的面试通知。发出去的上百份应聘简历终于有了一个较为满意的回应,小田兴奋的心情真是难以言表!她深知,毕竟自己是刚走出校门的毕业生,学的也不是热门专业,能得到这么个机会真是非常不容易。小田下定决心一定要珍惜这次来之不易的面试机会,一定要认真地对待面试中的每一个细节。

面试当天,小田早早就起床做起了准备工作。她特意化了淡妆,尽量把自己打扮得大方得体。临出发前又仔细地检查了一遍随身携带的物品,比规定时间整整提前了40分钟来到公司等待面试。看看时间还早,小田就找了一个僻静的地方,在心里默默地过了两遍考官可能会提的问题。她稳定了一下自己的情绪,就来到大厅里等候。

工作人员对小田说:"今天上午只有5个人参加面试,你来得挺早,就先在会议室等会儿吧,给你安排第一个面试。"一听说自己是第一个面试,本来就有些紧张的小田,心里就更加忐忑不安了。

随工作人员走进了会议室,小田坐下没几分钟,就见会议室里走进了一位先生。只听他对那个工作人员说道:"听说有人提前来了,那就先开始吧。"随后那位先生望了一眼小田,他似乎怔了一下,又仔细地打量了小田一眼,没想到戏剧性的一幕发生了。

"是你?"那位先生叫了出来,并且快步走上前来。"我找了你好长时间了。"他一脸的惊喜,激动地对旁边那位工作人员说道:"这就是捡到我皮夹的那个姑娘。"

小田被眼前的情景搞得有些不知所措,但她明白这位先生肯定是认错人了。该怎么办?是承认,还是拒绝?看样子这位先生就是负责招聘的人,很可能还是位说话有分量的人物,如果我将错就错承认了,会不会对面试有帮助呢?小田的脑子里飞快地闪过了很多念头:为了找工作付出了那么多的辛苦,她是多么希望留在这座大城市里啊,她真的太渴望得到这份工作了!但是最终她冷静了下来,诚恳地说道:"先生,您认错人了,我没有捡过皮夹,更不可能捡到您的皮夹。"

那位先生愣了一下,说道:"肯定是你啊,你这个女孩子我记得很清楚啊,当时我问你的名字时,你还执意不肯说,你不记得啦?"小田肯定地说:"先生,您一定是记错了,我没有见过您的。捡到您皮夹的女孩也许和我长得比较像,但那不是我。"

看到小田说得很坚决,那位先生点点头说:"嗯,也许是我记错了,不过我记住了你，你是一个很诚实的女孩子。”

当那位先生走出会议室后，小田心里未免有些后悔：把这么一个摆在面前的大便宜丢掉了，自己是不是有点傻呀……但她相信自己这么做是对的，因为她觉得此刻心里很踏实。如果将错就错承认自己捡了皮夹，即便会取得对方的认可，但自己的内心一辈子都会感到不安的。

果然那位先生就是考官之一。但是面试的时候，小田看不出他有什么特别的表情，甚至自始至终那位先生什么话也没说，只是一直在听其他考官发问，听小田回答。说来奇怪，有了这么一段小小的插曲之后，小田的心态反倒放松了许多。只是心中多少有些不安，她想：他肯定认为虽然我人很诚实，但脑子不灵活，而且让他在同事面前很尴尬。

然而就在面试结束，小田起身走到门口时，她听到那位先生对其他考官说：“我很欣赏这个女孩子，她很诚实……”

天啊，能得到考官的一句好评是多么重要啊，也许就是这一句话，会影响到其他考官对应聘者的判断，会决定这次面试的结果。

几天后，小田收到了该公司的录用通知。报到的第一天，小田又见到了那位先生。原来，他就是自己的直接领导。

从小田面试的经历我们可以看出，诚实是为人最起码的品行。小田向考官如实说明情况，是证明自己的最好方法。欺骗别人的人，最终被欺骗的是自己。

从小田面试的经历可以看出，诚实是她身上最为引人注目的闪光点，这一点也为她赢得了可贵的就业机会。

求职者在面试时，应当坚持自己的本色和原则，诚实是为人最基本的品行。有些求职者在面试过程中，往往自作聪明，在自己的回答中掺杂太多的修饰性语言，却对诚实等为人之道和思考的严密性、答案的客观性不太重视，这样做反而会弄巧成拙。

很多人在面试的时候，由于紧张，或担心过不了关，都会不由自主地夸大自己的过去，没做过的说做过，做过一点的说成是自己全权负责。如果为了面试过关而放弃了基本的为人之道，即使侥幸骗过了面试考官，在就职后的日常工作中，也会现出“原形”，难免会落得个被“炒”的结局。

另外，在撰写个人简历时，也要如实表述，否则难免给自己带来不必要的麻烦。比如，在简历中夸大了自己的英语水平，那么面对考官用英语提出的问题，将是一个非常尴尬的局面。考官立刻会怀疑你的诚实，面试结果也是可想而知的。

无论对于怎样的企业，诚实都将是其最为基本的选拔标准。如果有些问题你认为很敏感，不方便说，或者你不想说，那就直接告诉对方你不想涉及这方面的话题，通常情况下是可以获得理解的。诚实，可以帮助你在求职之路上走得更稳。

职场演练

1. 在老师的组织下，结合自己的专业进行一次模拟面试活动。

提示：

(1)事先尽可能多了解应聘单位和应征职位的情况，做到知己知彼，有备而去。

(2)要准备问题：他们会问我些什么呢？想对策迎战。

(3)我想了解些什么呢？找问题挑战自己。

【模拟面试练习：注意语言表达】

2. 案例分析。

丢了手套，丢了工作

主角：谢安娜，女，24岁，电脑工程师，目标是程序设计员。

经过前两轮面试，一千多个竞争者现在只剩下十来名了。据小道消息，公司只录取前五名。虽然剩下的人中有好几个都是本科生、研究生，但我依然满怀信心。我觉得不论是学业成绩还是工作经验，我都算得上"花中之花"。

我胸有成竹地敲门，很有礼貌地跟老总打了个招呼，顺手把真丝手套放在门边的柜子上，微笑落座。

面试开始，所有提问我对答如流，老总连连点头。在如履平地的顺境中，我发挥得更加自如，谈话气氛更加融洽。一切进展比想象中完美。老总带着心照不宣的微笑说："小谢，希望你早些了解公司的情况，尽快投入工作。我们明天会通知你录用情况。"在老总赞赏的目光中，我优雅地走出办公室。

回家路上我心花怒放，知道这份工作逃不出我的纤纤魔掌。走着走着，感觉拿简历的手有点凉。手套放哪儿去了？糟糕，忘在老总房间里了。经过反复思想斗争，我还是舍不得那双精致的手套。我鼓足勇气再次敲响办公室的门。当我拿回手套准备告辞时，发现老总的脸色有些阴沉。

第二天，我没有接到录用电话。我不死心，一个电话打到老总那里。老总说："……"

如果你是那个老总，你会怎么说？

第五章　求职及就业后的心理调适

第一节　正确定位，克服浮躁心理

——做最好的自己

不要竭尽全力去和你的同僚竞争。你更应该在乎的是：你要比现在的你更强。

——威廉·福克纳

非淡泊无以明志，非宁静无以致远。

——诸葛亮

职场故事

晓娟的迷茫

王晓娟，2012年商务英语专业毕业后，在一家企业从事化工产品贸易工作。公司因受全球金融危机的影响，经营处于亏损状况，她就离开了，中间在两家小公司短暂地待了几个月，现在仍在求职。她总是不满现状，总认为没有遇到好机会。条件较低的企业不想去，而应聘条件较高的企业，又去不了，很难沉下心来在企业工作，想着未来的生活，觉得很迷茫。

这是不少求职者或多或少存在的浮躁心理。浮躁心理在求职新人中表现得尤为突出，往往在求职时，朝三暮四；在工作中，难于专心致志。其根本原因是缺乏长远的职业发展目标。在求职时不要"挑肥拣瘦"，适合自己的就是最好的。在工作中要耐得住寂寞，学会坐"冷板凳"。

职场航标

"浮躁"，在心理学上主要指因内在冲突而引起的焦躁不安的情绪状态，一个人一旦被这种情绪困扰，就会感到迷茫、彷徨，不知何去何从，从而迷失人生目标，失去快乐心境，体味不到生活的乐趣。其具体表现如下：

(1) 心神不宁。面对急剧变化的社会，没有目标，感到恐慌、焦虑，对前途毫无信心。

(2) 焦躁不安。在情绪上表现出一种急躁心态，做事急功近利。乐于与他人比较，在攀比之中，更显出一种焦虑不安的心情。

(3) 行为具有盲动冒险性。由于极度不安，情绪往往取代理智，使得行动具有盲目性。行动之前缺乏细致思考，做事不顾后果。

盲目的浮躁是非常不利于新人成长的，所以刚出校门的职场新人，要对这段浮躁期有一个全面的认识，才能走好自己职场的第一步。那么，新人为什么会出现浮躁的心态以及该如何看待和解决呢？我们来一起分析一下。

1. 梦想和现实有差距

在进入职场之前，受电影、电视剧、网络等信息的影响，对职场充满了美好的幻想，而等到真正地踏进职场的时候才发现，工作不仅辛苦，而且还有因不断的重复性带来的种种枯燥。这种现实和梦想的落差，导致新人们十分失落，从而不能打起精神好好工作，甚至会认为是工作的问题。

虽然很多学生都深知就业严峻的现状，但对工作依然会有过于理想化的想法。所以，工作之前可以找一些已经工作的人交流一下，了解一个真正的职场是什么样子，做好心理准备。当然，对于过于消极的言论也不要轻易相信，能否快乐工作，最主要还要看个人的心态和怎么进行自我调节。

2. 太过于激情和冲动

职场新人，常有着远大的理想和抱负，认为工作就是要干一番大事业。所以，一踏入职场，自己的工作还没做好的时候，就开始想着被大家认可，往往大事干不了，小事不愿干，当然结果就事与愿违。

职场很忌讳做事不踏实，如果小的事情都做不好，有谁还会相信你能做成大事呢？有理想和抱负固然是重要的，但也要一步一个脚印地走才行，把每一件小事做好、做细，通过积累和沉淀，做大事的机会终究会是你的。

3. 过分地急于求回报

由于充满激情的工作和付出，在短时间内没有得到应有的回报，就觉得公司不注重人才，并在管理上存在问题，从而觉得自己的工作没有前途，就不能再安心工作了。

作为职场新人，一定要明白，公司里的老员工无论在经验和能力上都一定会比你强。你自认为做得好，可能只是你眼中的还不错，并没有比别人好，你还需要更多的学习和提升；如果你真的做得很好，没有给你相应的回报，可能只是领导在考察你，也许不久后就会被安排到重要岗位上。有时候，急于求成会让成功与你擦肩而过。

4. 职业规划出现问题

很多应届毕业生在找工作的时候，并没有考虑个人兴趣，而只是想先找份工作。当真正进入到工作岗位的时候，才发现自己其实不喜欢或者不适合这份工作，导致工作不开心，出现想辞职的想法。

这说明很多人在选择职业的时候是盲目的，没有做好职业规划。工作一段时间后再重新选择时，又将面临着之前的工作经验和积累对之后的工作没有帮助，使得重新选择的成本变高。毕业生在选择工作的时候，一定要做好人生及职业规划，懂得选择比努力更重要的道理，避免职场道路走得迷茫。

有时候，真的可以把工作比作“围城”，没有的时候拼命地寻找，而找到工作又开始抱怨工作的苦恼，想甩甩手走人。毕竟大多数人还是要工作的，而这份工作带来的困扰下一份工作不一定就没有。不要完全寄希望于下一份工作，有时候希望的大小也决定了失望的大小。新人出现浮躁期是可以理解的，要学会自我调节，找到出现浮躁心理的原因是很重要的。可以试着沉下心来，踏实地做一段时间，说不定会重新找到自己的定位和今后努力的方向。

连线职场

浮躁的心态导致毕业生“眼高”。“浮躁的心态，说到底就是求名、求利和两者兼得。”这类毕业生其实就是太注重人生存的本能，哪里能给自己带来更大的收益就奔哪去，以至于不安心工作，吃着碗里看着锅里，随时准备跳到更好的地方。另外，过强的自尊也使毕业生这山望着那山高，盼望着能超越别人。

应届毕业生梦想着超越别人、干大事，但本人却缺乏实践经验和工作能力，这就让自尊和自卑纠结在一起。内心的两股力量对抗，极易打破毕业生的心理平衡。心里总是想着“别人行，我为什么不行”“在这个单位真是屈才”等，以至于持续处于焦躁不安的情绪下，久而久之，会危害心理健康，让自己变得冷漠、暴躁和焦虑。要克服这些浮躁的心理，可以从以下几个方面做起：

第一，准确定位，摆正自己的位置。不要让过高的期望束缚自己的发展，拒绝盲目攀比。

第二，要有务实精神。放下心中那些不切实际的想法，脚踏实地，立足实际，做一个实干家而非空想家。

第三，三思而后行，不要被感性情绪牵着鼻子走。在遇到任何事情之前，首先应该想的不是这件事该怎么做，而是这件事自己怎么能做得最好。

在做好以上三个方面后，毕业生在择业前应坚持四项就业法则：

一是"择人所需"。即要站在用人单位的角度考虑，他们需要什么样的员工，不能异想天开，只想一步到位。如果有适合自己特长的工作单位，企业规模小点也不怕，能得到锻炼才是目的。

二是"择业所长"。如果你选择的单位或行业有发展前景，即便不是国家机关、跨国公司或热门行业，也要降低心理期待值，投入到这些工作中。

三是"择家所利"。指的是选择职业和单位时不要总以自我为中心，要多站在家庭和亲人的角度考虑，如是否便于照顾父母；不能总是无休止地挑三拣四，要考虑家人的感受。

四是"择己所长"。即兴趣对人的工作热情起着很关键的作用，心理学研究早就发现，做自己喜欢的事，成功率更高。因此，不必太在意外在的东西，这才能充分发挥你的优势。

赢在职场

天生我材必有用

某天，广西钟山县一个偏僻的小山村——回龙村的村口走来了一个娇小、孤单的身影，瘦弱的肩膀上扛着一个大大的包袱，她，就是刚刚从梧州农业学校毕业出来的学生——董冰。步履艰难，但却坚定。

一个出生在农村的女孩，还不被人看重。为了给贫困的家做点什么，中等职业学校毕业后，她没有像其他同学一样到广东打工，而是凭着从学校里学到的知识和自信，带着一身干劲回到了家乡。村里有人嘲笑她："女孩子读书有什么用？""读书出来又怎么样？还不是回来和我们一样种地？"……对这些流言她从不说一个字，只是专心做着自己早已谋划好的事情。因为当地农民家家都有养猪、养鸡的习惯，董冰每天早出晚归，调查当地养殖业的发展情况，经过分析、论证，毅然决定开办一个兽药和饲料店。没有创业资金，就向亲戚借，2000元，这是她最初的全部投资。

万事开头难，董冰跑场地、办证照、进货，经过一番辛苦奔波，她的小店终于开张了。董冰不仅卖药给农民，还运用在学校学到的知识为畜、禽看病，指导乡亲们科学饲养和正确用药。诚实经营和专业性服务使她的小店生意越来越红火，半年就还清了所有借款，还扩大了2个门面。在初战告捷的基础上，董冰深思熟虑后大胆向银行贷款，购买电孵化机，同时购进一批仔猪，办起了一家在当地属较大规模的养殖场，她把养猪、养鸡、饲料加工等有机结合起来，使自己的事业迅速扩大。随着时间的推移，她的经营范围已不仅限于养殖业，还办起了摩托车修理厂、米粉加工厂……一路走来，仍然瘦小的她变得越来越强大。现在，董冰拥有了自己的公司，年生猪出栏3000多头，禽类出栏近6万羽，个人资产达200多万元。

董冰富起来了，但是她没有忘记仍然贫困的父老乡亲，主动把自己掌握的先进养殖技术手把手传给其他养殖户，饲料配方无私地传授给养殖户，提供猪花、饲料、技术一条龙服务，解决他们在养殖过程中遇到的困难和问题。经她亲自授课培训的农民超过了5000人(次)，技术咨询3万多人(次)。很快，回龙村和附近乡镇的农民纷纷发展养殖业，董冰成为了当地致富带头人。

董冰，一个中等职业学校的毕业生，一个体重仅有八十几斤的小姑娘，被人们记在心中。她先后被授予自治区“双学双比”先进女能手、自治区星火带头青年、自治区“三八红旗手”、全国“三八红旗手”、全国先进女能手等荣誉称号。2002年当选为自治区和贺州市人大代表。

每个毕业生在毕业后都面临两个问题，一是能不能找到工作，二是能不能找到合适的工作。其实，董冰仅仅是千千万万中职毕业生成才典型中的一个代表。他们的人生经历表明：经济建设和社会发展对人才的要求是多样化的，面对这样纷繁的世界，需要给自己一个正确的定位，克服自身浮躁心理，相信只要自己给自己定好人生坐标，每一个中职学生都可以挖掘自己的潜力，加上扎实的专业知识和技能以及艰苦奋斗的实干，成功的主动权就掌握在自己手中，中职生一样有人生成功的舞台！

依靠自己站起来

在西方的一个国家，有一个经理，他把多年以来的所有积蓄全部投资在一项小型制造业。由于世界大战的爆发,他无法取得他的工厂所需要的原料,只好宣告破产。

金钱的丧失,工厂的倒闭,使他大为沮丧。他认为是他把家人害了,于是离开妻子儿女,成为一名流浪汉。过去的一幕幕时常在他的脑海里上演,他对于这些损失无法忘怀,老是徘徊在过去,不肯为今后的日子打算,而且越来越难过。到最后,甚至想要跳湖自杀。

一个偶然的机会,他看到了一本名为《自信心》的书。这本书的内容说的全是关于怎么样能够把人的信心建立起来,在你的生活、工作崩溃以后,如何重新恢复信心。当他看完这本书之后,树立了勇气和希望,他决定找到这本书的作者,请作者帮助他再度站起来。

于是,他便四处打听,终于被他打听到了。当他找到作者,说完他的故事后,那位作者却对他说:"我已经以极大的兴趣听完了你的故事,我希望我能对你有所帮助,但事实上,我却绝无能力帮助你。"

他的脸立刻变得苍白,默默地待了几分钟,然后低下头,喃喃地说道:"这下完蛋了。"

作者停了几秒钟,然后说道:"虽然我没有办法帮你,但我可以介绍你去见一个人,他可以协助你东山再起。"刚说完这几句话,流浪汉立刻跳了起来,抓住作者的手,说道:"看在老天爷的分上,请带我去见这个人。"

于是他便跟着作者走到里边的卧室,作者把他带到一面高大的镜子面前,用手指着说:"我介绍的就是这个人。在这世界上,你只有靠这个人的帮助才能够东山再起。但是你必须安静地坐下来,好好地看清楚他,彻底地认识他,否则你只能跳到密歇根湖里。因为在你对这个人作充分的认识之前,对于你自己或这个世界来说,你都将是个没有任何价值的废物。"

他朝着镜子向前走几步,用手摸摸他自己满胡须的脸孔,对着镜子里的人从头到脚打量了几分钟,然后退几步,低下头,开始哭泣起来。等了一会儿,他就走了,也没对作者说什么。

几天后,这个人终于出现在了街上,作者在街上碰见这个人时,几乎认不出来了:他的步伐轻快有力,头抬得高高的,从头到脚打扮一新,看来是很成功的样子。

作者看到后,有点不敢相信自己的眼睛,走过去打了个招呼。当初的流浪汉很兴奋地说道:"那一天我离开你的办公室时还只是一个流浪汉。我对着镜子找到了我的自信。现在我找到了一份年薪3000美元的工作。我的老板先预支一部分钱给家人。我现在又走上成功之路了。”顿了顿，接着他又风趣地对作者说，“我正要前去告诉你，将来有一天，我还要再去拜访你一次。我将带一张支票，签好字，收款人是你，金额是空白的，由你填上数字。因为你使我认识了自己，幸好你要我站在那面大镜子前，把真正的我指给我看。”

在这世界上，只有你自己才能帮助自己东山再起，也只有你自己，才能认识到自己的价值。有了自信，才能充分认识自己，使自己能够承受各种考验、挫折和失败，敢于去争取最后的胜利。

职场演练

1. 通过别人的眼睛，探索自己的职业能力。

每组5名同学，每位同学准备4张卡片，把你认为其他4位同学最具优势的能力写在卡片上。然后，把这些卡片分别送给其他4位同学。

综合这些卡片上的能力，和你自己认为的能力相对照，有哪些是一致的？有哪些是你自己尚未发现，给你带来惊喜的？你打算如何发挥自己的优势能力，提高其他能力，为走向职场做好准备？

2. 案例分析，根据案例分析，该毕业生存在哪些不足，应该怎么做？

曾经有个毕业生，毕业后的第一份工作月薪是2000元，可是好景不长，他所在的公司半年后就倒闭了。在后来的求职中，他始终认定要找一份月薪不低于2000元的工作，多次求职未果。一天他跟着当菜农的父亲去卖菜，早市时父亲对儿子说：“我们的菜是全市最好的，不能比别家价格低。”直到中午，因为菜价高还是问的多买的少。儿子急了，要父亲降价，父亲始终不答应。天快黑了，他们的菜经过一天的风吹日晒已毫无优势，最后被人以低价买走了。儿子埋怨父亲为什么不早点出手？父亲笑着说：“是啊，那时候出手该多好，可早上总以为自己的菜应该值那个价，就像你现在总以为自己月薪必须2000元一样。”父亲的话让儿子深感震动！

---

3. 教你试一试。

人浮躁时怎么办

心理学研究表明，人体内有各种生物钟，并有各自的循环周期，如智力生物钟为33天一循环，情绪生物钟为28天一循环，体力生物钟为23天一循环等。

所以人有时感觉情绪波动和心情烦躁是很正常的。虽然我们不能改变自己的生物节律，但可以通过调节缓解不良情绪，缩短情绪波动的时间，减少心情烦躁带来的不良影响。下面介绍几种常用的方法，供大家参考。

1. 心理暗示法

暗示是一种心理现象，有积极暗示和消极暗示之分。心情不佳时，如果对自己采取消极暗示，只会“雪上加霜”，更加烦躁；这时应该对自己采取积极暗示，告诫自己这是正常现象，乌云终会散尽，同时多回想一些以前经历过的美好情景和值得自豪的事情，就能缓解心理压力。人们常说的“阿Q精神胜利法”，从心理学角度看实际上就是一种积极的心理暗示，应该说这种方法在特定时期和场合是很有实际效果的。

2. 目标转移法

如果你因为某件事或某个人而感觉心情烦躁，注意力无法集中，就不要强迫自己做事。这时不妨看看电视、听听音乐、写写日记，或者读一两篇美文。你可千万别以为这是浪费时间，实际上这是“磨刀不误砍柴工”，你的情绪会很快得到缓解和放松，才能更好地做自己该做和想做的事。

3. 思想交流法

心理学研究表明，每个人都有同他人交流的欲望和需要。有些人不想让别人知道自己的心事，不愿意把心里的苦恼、委屈和悲伤说出来，这样不仅无助于问题的解决，而且会加重自己的烦躁，久而久之，还可能产生心理障碍。正确的做法是找一位知心朋友交流、谈心，也可以上网找一位网友聊天，或者对着家里的某一件物品说话，倾诉自己的心事，以起到逐渐消除烦躁的效果。

4. 运动释放法

如果说前面三种方法是“精神疗法”，那么这种方法就是一种“物质疗法”——通过消耗体能来达到消除烦躁的目的。心情烦躁时，可以到操场跑几圈，打一场球，活动一下筋骨，或者对着远方吼上几声，高歌一曲，让自己全身放松。这些做法经实践证明很见效，也正好印证了“生命在于运动”这句名言。

第二节　向职业人角色转变

明白事理的人使自己适应世界，不明白事理的人硬想使世界适应自己。

——萧伯纳

重要的不是环境，而是对环境做出的反应。　——鲍勃·康克林

职场故事

王帅的担忧

王帅是机械设计制造与自动化专业的毕业生，今年初应聘于潍坊一家大型国有企业。王帅十分庆幸自己把握住求职的机会，而且实习期间感觉工作非常适合自己。即将走上工作岗位的他，却突然有种莫名的担忧：自己到一个陌生的环境中去工作，能行吗？周围的同事都是名牌大学的本科生、研究生，而自己仅是一个职高生，在一个学历如此强势的工作环境中，自己将来还有出人头地之日吗？自己是不是注定要“甘为人后”？

不少毕业生入职前的心理准备明显不足：一方面，为自己即将走向社会，实现自己的人生价值感到高兴；另一方面，在入职之前表现出复杂、矛盾的心理，有的毕业生对未来工作期望过高，有的却产生了焦虑、急躁、抑郁、恐惧等不良情绪反应。所以，引导毕业生调整心态，做好心理准备，就要帮助毕业生客观认识自我、实现角色转换，正确对待挫折，积极参与竞争。

职场航标

人在一生中是要扮演多种角色的。从学生到一个新的单位去工作，是一次角色转变的过程。要实现由“学生”到“职业人”的转变，毕业生要树立角色意识，尽快实现角色的转变。毕业生在求职、就业过程中的许多心理困扰，大多与自己的社会角色意识不强有关。社会是一个大舞台，与校园环境大不相同。校园生活是一种单纯而有保障的生活，学生的学习、生活、人际交往、休闲娱乐等都比较有规律性。在校园里，学生容易滋长浪漫情调和美好幻想，这与现实社会环境差距较大。

事实上，造成当前毕业生就业困惑的原因不是单方面的，这里既有社会性

的原因,也有毕业生自身的问题所在。社会因素需要全社会的共同努力来改善,而自身问题则需要毕业生自己去发现并解决。所以,要改善就业状况,对于毕业生来说,首先要明白自身哪些因素导致职业适应上出现问题并予以积极克服。大致来说,毕业生在职业适应能力方面的问题主要有定位问题、心态问题以及经验问题这三个方面。

1. 定位问题

2004 年中国就业市场爆出两条特别引人注目的新闻:南方某高校毕业生号召成立“薪资联盟”,抵制用人单位压低薪资标准,拒签薪资低于每月 2500 元的就业协议;与此同时,东北某高校毕业生为了挤进自己向往的单位,主动提出“零工资就业”,即在见习期不要钱,经过考验认可后再建立劳资关系。这是两个截然相反的现象,但却同时反映了现今毕业生就业择业时在工作定位上的问题。前者体现了一些学生不切实际的一厢情愿,对社会现实缺乏基本的判断力,没能根据现实情况的变化及时调整自己的心理定位,因此即使之后进入了职场,也会因为期望值过高、优势心理作祟而影响其职业适应力。所谓“零工资就业”则显得过于被动消极,同样是对自己职业定位的偏差,后者并不代表无底线的低姿态就能换来工作上的好结果。

2. 心态问题

据一项对 1 万多名学生的调查显示,其中 50% 左右的学生认为,35 岁前将达到自己职业生涯的顶峰。事实上,对于很多在职场上打拼多年的经验人士或成功人士来说,这样的想法实在不切实际。由于大多数学生从未经历过社会的磨砺,心态容易浮躁。一方面总是考虑自己能从社会从工作中得到什么,而很少思考自己为他人和集体所做的贡献;另一方面,很多学生在就业时抱着“骑驴找马”的心态,总是想着先随便找到一份工作,随时都考虑是否能够跳槽或有更佳的选择,因此在工作的过程中不免会受到这种不安定心态的影响,不能脚踏实地地工作。这些心态上的偏差都会影响单位对毕业生的评价,从而致使毕业生的就业形势愈发不乐观。

3. 经验问题

造成毕业生就业坎坷的另一个关键因素就是缺乏实际工作经验。从现今许多单位招聘启事中不难看出,“具有相关工作经验”是单位非常看中的一个条件。据调查发现,约有 27% 的人力资源主管认为应聘者的工作经验越实用越容易被录用,超过七成的跨国企业会根据具体职位的要求选择应聘者。对于没有任何经验的毕业生群体来说,单位需要花费很多人力、物力、财力进行培养,同时还会担心培养后人才的流失问题。有时候培养的资本远远高于短时间内毕业生能够为单位所提供的价值。正是因为这些考虑因素，单位在人才招聘上的要求和学生本身普遍缺乏工作经验之间出现矛盾，这也是导致学生就业出现问题的一个根本问题。

总的来说，毕业生在当前的职业社会情境下已经失去了以往的光环，因社会和学生个人双方面的因素引发了毕业生出现各个方面的职业适应性不良现象。若想从根本上解决当下的就业困难，顺利完满地完成职业角色的转换，就必须要从自身查找原因，并且积极克服，以提升个人的职业适应力。

王静是一个很活泼的女孩子，在学校时就是学生会的文艺部部长，点子多，做事有股冲动。刚到公司的时候，她的表现让领导颇为满意，得到了领导的认可，王静更加自信，认为自己在公司里前途会一片光明。一次，通知所在的部门开会，到了会议室才发现别的部门还没有开完，于是大家都在门外等候。只有王静走了进去，并且对这个部门的工作发表了自己的见解。这样越位插手别的部门工作的事，之后在王静的身上又多次发生，直到有一次，一个需要领导签字的合同她竟然自作主张地签了，结果可想而知，她很快就收到了解聘通知。

我们都知道，职业适应力并非与生俱来，它既需要个人自身天赋，更需要经过磨炼和学习获取经验。对于个人天赋而言，每一种性格特点都有其独特的优势与欠缺，并非简单的外向型一定好于内向型，或独立型个性就一定优于依赖型个性。更为关键的是，要在实际岗位上讲求学习方法和工作方法，不断提升自我，逐步适应新的工作环境。从影响职业适应力的主要因素来看，调整心态、加强实践经验是提升职业适应力的有效方法。

1. 调整心态，积极应对

一般刚参加工作的毕业生所从事的岗位都是较为基层的，和自己的理想存有落差，因而需要有充分的心理准备，一方面锻炼自己的抗压能力，另一方面要学习以恰当的心态面对新环境。

世界500强企业富士康公司总裁郭台铭有一句名言："当你感到有压力的时候，说明你的能力不够。"对待压力最好的办法就是尽快熟悉业务，在平凡、枯燥的工作中，寻找乐趣，努力创新。如果职场中人在平凡工作中激情不减，表现突出；在压力下不屈不挠，努力工作，必将披荆斩棘，成绩斐然。

除了对待职场压力要保持良好的心态，事实上开始一项新工作在许多方面都需要一个稳定且乐观的心态。

第一,在面对工作的枯燥无味时要保持好心态。很多新人在进入公司后,用学生的眼光看待企业,对企业现状不满,接受不了企业的“规矩”,没有耐心去适应企业。其实,每个企业都有优势和劣势,最重要的是学会适应新的环境,快速融入企业,在和企业相互深入了解后,找到自己合适的位置。

第二,在与人沟通交流中要有谦虚学习的心态。作为职场新人,面对上司、对待同事都要尽可能以向他人学习的态度进行沟通交流。不要急功近利,更不能骄傲自满,多多地观察和学习他人的经验,弥补自己的不足。

第三,面对挫折、遭遇低谷时更要有乐观向上的心态。没有任何人的职场经历是一帆风顺的,对于刚刚毕业的学生来说更是如此,只有经历了波折与风浪,在以后的职业生涯中才会有更加优异的表现和发展。

2.积累实践经验

在现实中,把工作经验看得比学历和学校更为重要的招聘单位并不在少数。“名校出身、本科学历还抵不上两年工作经验”——对招聘单位的工作经验准入门槛“恨之切切”的应届毕业生也不在少数。事实上,毕业生无论是在学习期间还是进入职场后,都有大量的机会进一步积累自己的实践工作经验。

一方面,学习期间的实习是一个非常良好的桥梁,能够帮助我们对社会和职业有一定的了解,同时在实践中开阔视野,增长见识,为进一步走向社会打下坚实基础。因而实习是毕业生走向工作岗位的第一步,毕业生一定要认真对待实习期,不要以为与真正的工作不相关就马虎应付。事实上,很多单位在招聘时都会调查应聘者在校期间有过哪些见习和社会实践的经历,并且从中学习到什么。同时毕业生也可以通过总结自己的实习经历,认识到自己在哪些方面还不够成熟、需要弥补,这无疑能够帮助自己为真正的职场生活做好充分准备。

另一方面,从平时的工作学习细节出发,也是增加工作经验的良好途径。很多学生在毕业前甚至连一份社会工作的经验都没有,基本上将自己封闭在一个独立于外界的真空室内,这无疑会影响用人单位在招聘时对毕业生的评价。因此,学生应当在踏入社会之前有意识地对社会环境有主动的了解和认识,越多尝试,经验越多,也就越有利于自身今后的职业发展。在课余时间可以多多走进社会,通过应聘和就职一些临时的工作岗位,一方面熟悉应聘的场景和要求,锻炼自己的应变能力;另一方面在见习的过程中多向有工作经验的同事学习,锻炼自己的工作能力。在寻求见习机会时,不要一味地考虑工资待遇或工作环境,因为这个过程更多是一种自我锻炼,而并非决定一生发展的真正工作。

如何才能让自己尽快尽好地适应工作是每个毕业生在踏入职业社会所必

须面对的首要问题，提高职场适应力能够帮助职场新人在自己的职位上站稳脚跟、快速发展；相反，一旦在职业适应上出现问题，那么影响的将不仅仅是工作，甚至是个人的人生道路。因此，毕业生要有心理准备和行动表现，从学习生活期间就开始有目的性地培养和提高自我的职业适应力，从而为今后的职业发展奠定良好的基石。

连线职场

为了尽快适应职业生活，彻底实现学生角色向职业角色转换，职业指导专家给出以下几方面的建议：

1. 接受上岗培训

许多企业都会对新员工进行上岗前的培训，其主要目的在于：帮助新员工了解企业的生产经营状况，认同企业的各种规章制度，明确自己的工作职责范围及工作评价标准。

对新员工来说，参加企业的这种培训是了解企业、融入企业的最佳途径；对企业来说，培训一方面可加快新员工对企业的认同，另一方面也是进一步了解新员工以便合理使用新员工的一个有效方式。所以，新员工对企业的上岗培训应给予足够的重视。

2. 认同企业文化

企业文化与校园文化是不同的，良好的企业文化是企业实现可持续发展的基础与动力，所以企业总是不遗余力地推行自己的文化并试图影响员工的思想观念和行力习惯。

企业文化分为：

(1) 精神文化：价值观，如质量第一、顾客至上等。

(2) 制度文化：各种规章制度，如考核制度、薪酬制度等。

(3) 行为文化：行为风气，如工作作风、人际关系等。

(4) 物质文化：各种硬件，如经营环境、机器设备等。

企业文化有一定的强制性，尤其是制度文化，如果在情感上不能接受，势必影响自己对企业的认同。

3. 遵守劳动纪律

“没有规矩，不成方圆。”纪律是任何社会组织正常运转和发展的保证。作为新员工，必须牢记各种工作纪律，严格约束自己的行为，这样才能为企业所接受。劳动纪律的含义比较广，包括准时上班下班、遵守操作规程、安全文明生产、保守商业秘密等。

4. 参与各种活动

除了正常的工作外，企业还会组织各种娱乐、运动、捐助等活动，这些活动新员工都要积极参加。通过这些活动，可以接触并熟悉企业中各个部门、各个层次的人员，为以后同他们打交道奠定基础。

5. 适应管理者行为风格

企业各级管理者一方面体现着自己个性特征的行为风格，另一方面也传承、体现着企业的文化。作为新员工应积极学会适应，只有主动适应这种风格，才更能为管理所接受。如果试图改变这种风格，不但徒劳，而且无益。

6. 认识自己的岗位状况

第一，要尽快认识工作中的同事和领导，要用最短的时间记住他们的名字、了解他们的个性，与他们建立良好的工作关系。

第二，要认识自己的岗位在部门中所处的位置，不但要完成自己的本职工作，还要以一种合作的态度使自己成为本部门工作链中的一个有机的组成部分，并努力使自己的能力和工作方式符合岗位工作要求。

另外，为了缩短自己的适应期，尽快地进入工作角色，初次就业者应该学会自觉调整心理状态，争取赢得大家的认同和赞赏等。

毕业生转变角色的同时，也就意味着要适应工作这一崭新的环境。很多毕业生都会在此刻踌躇甚至慌张，事实上工作环境并非很多同学都担心的那样处处是陷阱、凡事皆棘手。只要做好最为基础而又最重要的几个方面，自然能够顺利地适应新环境，职场新人一样可以成为工作岗位上的佼佼者。

职场新人的七大禁忌：

(1) 衣着扎眼，标新立异。

(2) 眼高手低，光说不练。

(3) 目中无人，唯我独尊。

(4) 斤斤计较，口无遮拦。

(5) 越俎代庖，争功邀赏。

(6) 应酬逞能，喧宾夺主。

(7) 频频跳槽，朝三暮四。

职场新人必须注意的49个细节：

(1) 坚持在背后说别人的好话。

(2) 每天向你周围的人问声“早上好”。

(3) 连续加班后,更要精神饱满。

(4) 过去的事不要全让人知道。

(5) 说话时尽量常用"我们"。

(6) 清楚哪些该问的,哪些不该问的。

(7) 有人在你面前说别人坏话时,你不要插嘴。

(8) 人多的场合少说话。

(9) 与人握手时,可多握一会儿。

(10) 不是你的功劳,千万不要占有它。

(11) 尽量不要借朋友的钱。

(12) 不要轻易承诺。

(13) 老板错了的时候,你要懂得应对。

(14) 随便打断别人说话是一种陋习。

(15) 不要比你的老板穿得更好。

(16) 主动汇报自己的工作情况。

(17) 要懂得感恩。

(18) 不要把谈论别人的缺点当做乐趣。

(19) 遇事多考虑 3 分钟。

(20) 不想因应酬伤害自己,就要注意分寸。

(21) 不要让电脑一直开着。

(22) 要想办法让老板知道你做了什么。

(23) 别忘了随时为自己鼓掌。

(24) 搜集信息还要消化信息。

(25) 多自我批评,少自我表扬。

(26) 不要为自己的错误做任何辩解。

(27) 自以为最了解自己,其实不然。

(28) 不要负面回应批评。

(29) 对自己不知道的事情,坦率地说不知道。

(30) 对事无情,对人要有情。

(31) 和上司谈话时,关掉你的手机。

(32) 和客户通电话时,不要先挂掉电话。

(33) 找借口拒绝时,要尽可能模糊一点。

(34) 遇到老板,主动迎上去谈几句。

(35) 给老板的报告里预备一份概要。

(36) 不要占用公司的一张纸或一支笔。

(37) 在工作中使用“日常备忘录”。

(38) 不要在朋友面前炫耀自己。

(39) 保持办公桌的整洁、有序。

(40) 只要还能坚持上班就不要请假。

(41) 做事前,先想象一个好的结果。

(42) 竞争中要学会欣赏对手。

(43) 接到额外工作时,不要抱怨。

(44) 昨晚多几分钟的准备,今天少几个小时的麻烦。

(45) 出现在公共场合时要保持整洁。

(46) 向上司请教前,事先想好问题的解决方法。

(47) 做错事要马上道歉。

(48) 要学会说善意的谎言。

(49) 约会时要提前几分钟到达。

赢在职场

你在为谁打工

齐瓦勃出生在美国乡村,只受过很少的学校教育。由于家中一贫如洗,15岁那年他到一个山村做了马夫,但齐瓦勃无时无刻不在寻找发展的机遇。3年后,齐瓦勃终于来到钢铁大王卡内基所属的一个建筑工地打工。一踏进建筑工地,齐瓦勃就抱定了要做同事中最优秀的人的决心。当其他人在抱怨工作辛苦、薪水低而怠工的时候,齐瓦勃却默默地积累着工作经验,并自学建筑知识。

一天晚上,同伴们在闲聊,唯独齐瓦勃躲在角落里看书。那天恰巧公司经理到工地检查工作,经理看了看齐瓦勃手中的书,又翻开了他的笔记本,什么也没说就走了。第二天,公司经理将齐瓦勃叫到办公室,问:“你学那些东西干什么?”齐瓦勃说:“我想我们公司并不缺少打工者,缺少的是既有工作经验又有专业知识的技术人员或管理者,对吗?”经理点了点头。不久,齐瓦勃就升任为技师。打工者中,有些人讽刺挖苦齐瓦勃,他回答说:“我不光是在为老板打工,更不单纯为了赚钱,我是在为自己的梦想打工,为自己的远大前途打工。我们只能在业绩中提升自己。我要使自己工作所产生的价值远远超过所得的薪水,只有这样我才能得到重用，才能获得机遇！”抱着这样的信念，齐瓦勃一步步升到了总工程师的职位。25岁那年，齐瓦勃成为了这家建筑公司的总经理。

后来，齐瓦勃终于建立了自己的大型伯利恒钢铁公司，并创下了非凡的业绩，真正完成了从一个打工者到创业者的飞跃。

齐瓦勃的成功，或许并非每一个毕业生都能复制。但是，大家多少能从他的经历与成功中学习他成功所拥有的特质和能力，而正是这些特质与能力能够帮助很多人提升自我的职业适应力。

泡茶的学问

对日本人来说，泡茶招待客人是一个重要的仪式。所以泡茶事小，却是很重要的工作。

有一位想当记者的女孩，大学毕业后被一家新闻机构录取。由于没有记者的空缺，主管叫她暂时做一些为同事泡茶的工作。作为一名怀揣梦想的大学生，只为大家泡茶，心里当然非常失望。

3个月过去了，她开始沉不住气了。心里开始抱怨：“我好歹也是大学生，却天天来为你们泡茶。”这样一想，她泡茶就不像原来那样愉快，泡出的茶，也就一天不如一天。

又过了一段时间，有一天她将泡好的茶端给经理，经理喝了，大骂起来：“这茶怎么泡的！难喝得要命，亏你还是大学毕业呢！连泡杯茶也不会。”她真的气炸了，正准备收拾东西当场辞职的时候，突然来了一个重要的客人，必须好好招待。她只好收拾起不满与委屈，想，反正也要离开了，就好好泡一次茶吧！于是，她认真地泡好茶，当她把茶端进去，转身刚要离开时，突然听到客人由衷的一声赞叹：“这茶泡得真好！”这时，刚刚骂过她的经理也端起来喝，也情不自禁地赞美：“这壶茶真的特别好喝！”

就在那一刻，她自己也呆住了。想，只是小小的一杯茶而已，竟然造成那么大的差异，这茶里显然有很深奥的学问，要好好地去研究。

从此以后，她不但对水温、茶叶、茶量都悉心琢磨，就连同事喜好、心情，也细心地体会。甚至，连自己泡茶时的心情状态会带来的结果，也了如指掌。

很快，她成为公司的灵魂人物。不久她被升为经理。“泡茶时那么细致专心的人，一定是很精明难得的人才！”这是老板事后发出的感叹。

任何一个职场新人,真正把泡茶这种小事都能用如此认真的态度来做,也就开始走向成功。而且,只有这样做,才能从工作中获得价值和乐趣。

对于第一次就业的学生来说,其实就是一个适应、学习、提高的过程。刚就业的学生要学会用一颗平常心去适应社会,做好现在的工作。做好任何工作都有窍门,都可以充分发挥自己的想象力和创造力,以自己全部精力投入到工作中去。而一个人一旦有了创造性工作的激情,那么必将把自己的工作干得有声有色,也为自己提升了职场的发展空间。

职场演练

1. 如果现在就进入现实的工作世界,你认为自己目前具备的哪些能力会帮助你渡过前期的困境?你是如何发展这些能力的?

社会适应能力,指的是一个人在心理上适应社会生活和社会环境的能力。社会适应能力的高低,从某种意义上说,表明一个人的成熟度,关系到工作的愉快和生活的幸福。

2. 下面的心理适应能力测试题可帮助你更好地了解自己的社会适应能力。根据你的实际情况,选择最适合你的答案。

(1) 对你不感兴趣的学科,你也能取得好成绩吗? (　　)

A. 一定能　　B. 不一定　　C. 不能

(2) 当你有急事赴约,中途交通堵塞,你是否会非常恼火? (　　)

A. 是　　B. 有一点　　C. 不是

(3) 假如你来到一个新的环境,你能否很快熟悉那里的一切? (　　)

A. 能　　B. 差不多　　C. 不能

(4) 老师在没有通知的情况下突然测验,你是否会惊慌失措? (　　)

A. 是　　B. 不一定　　C. 不是

(5) 小学毕业升入初中,你能否很快进入状态,跟上老师的节奏? (　　)

A. 是　　B. 差不多　　C. 不是

(6) 如果处于喧闹的环境中,你能否排除干扰专心读书? (　　)

A. 是　　B. 有时是这样　　C. 不是

(7) 父母临时出差在外,你也能照顾好自己的起居生活吗? (　　)

A. 能　　B. 还行　　C. 不能

(8) 你和朋友们约好去某地,但他们都因故失约,你会: (　　)

A. 情绪低落

B. 有些不高兴，但很快会忘记

C. 去制订新的计划

(9) 与同学闹过矛盾之后，你能否不受任何影响地专心听讲？（　）

A. 是的　　B. 不一定　　C. 不是

(10) 上学期间，父母是否鼓励你参加各种课外活动？（　）

A. 是的　　B. 不经常是　　C. 不是

(11) 学校组织军训，你是否会感到很难适应那里紧张的生活？（　）

A. 是的　　B. 有时是　　C. 不是

(12) 数学课换了一位老师，你能否很快适应他的讲课方法？（　）

A. 能　　B. 需要一段时间　　C. 不能

(13) 如果换了一个新地方，睡觉时你是否能够安然入梦？（　）

A. 能　　B. 需要适应一会儿　　C. 不能

(14) 与同学们出外旅行，你能主动担当起义务导游的工作吗？（　）

A. 能　　B. 有些难度　　C. 不能胜任

(15) 假如老师交给你一项从未做过的工作，你能很快进入状态吗？（　）

A. 能　　B. 有些棘手　　C. 不能

(16) 当转入新学校时，你能否很快与那里的同学打成一片？（　）

A. 是的　　B. 不完全是　　C. 不是

(17) 离考试只剩最后几天，你是否会紧张得不知如何复习才好？（　）

A. 是的　　B. 有时是这样　　C. 不是

(18) 你在班里当众发言，与在家里说话是否有明显的差别？（　）

A. 是的　　B. 不一定　　C. 不是

(19) 如果老师因误会而批评了你，你能坦然面对吗？（　）

A. 能　　B. 有时能　　C. 不能

(20) 天黑了，父母都没有回来，你独自在家会感到恐慌、害怕吗？（　）

A. 是的　　B. 有一点儿　　C. 不会

(21) 上课了，你突然发现忘带笔记本了，你会：（　）

A. 惊慌失措地乱找一气

B. 先听讲，再借同学的笔记本回家抄上

C. 马上拿出白纸，先抄在纸上，回家再往本上写

评价方法：

每题答案“A”记 3 分，“B”记 2 分，“C”记 1 分。将各题得分相加，得出总分。

得分在 47～63 分，说明你的心理适应力强。你是一个具有较强心理适应力的人。在千变万化的世界中，你能够面对任何意想不到的事件，应付自如。因此，你的生活会过得轻松愉快。

得分在 33～46 分，说明你的心理适应力一般。面对一些突如其来的变化，你有时会做出相应的适度反应，有时也会感到有些棘手，需要冷静一段时间才能做出正确的决定，想出良好的对策。但你绝对不会失魂落魄。

得分在 21～32 分，说明你的心理适应力差。你对世界的变化、生活的摩擦很不习惯，如此磨损你会过早“断裂”的。不过，只要你意识到这一点，还是有希望改善这种状况的。

测试结果：

如果你在本测验中得分较低，你不必忧心忡忡，因为一个人的社会适应能力是随着年龄增长、知识经验的丰富而不断增强的。只要你有信心学习，加强锻炼，一定会成为适应社会的成功者。

第三节　建立和谐的人际关系

在业务的基础上建立的友谊，胜过在友谊的基础上建立的业务。

——洛克菲勒

专业知识在一个人成功中的作用只占 15%，而其余的 85% 则取决于人际关系。

——卡耐基

职场故事

退一步海阔天空

小贾是公司销售部一名员工，为人比较随和，不喜争执，和同事的关系处得都比较好。但是，前一段时间，不知道为什么，同一部门的小李老是处处和他过不去，有时候还故意在别人面前指桑骂槐，对跟他合作的工作任务也都有意让小贾做得多，甚至还抢了小贾的好几个老客户。

起初，小贾觉得都是同事，没什么大不了的，忍一忍就算了。但是，看到小李如此嚣张，小贾一赌气，告到了经理那儿。经理把小李批评了一通，从此，小贾和小李成了绝对的冤家了。

小贾所遇到的事情是在工作中常常出现的一个问题。在一段时间里，同事小李对他的态度大有改变，这应该是让小贾有所警觉的，应该留心是不是哪里出了问题了。但是，小贾只是一味地忍让，这个忍让不是一个好办法，更重要的应该是多沟通。

我们每一个人都应该学会主动地沟通，真诚地沟通，策略地沟通，如此一来，就可以化解很多工作与生活中完全可以避免发生的误会和矛盾。

职场航标

人际关系包括在社会交往中的影响力、倾听与沟通能力、处理冲突能力、建立关系和合作与协调能力、说服与影响能力等等。有些人在人际交往中的影响力是与生俱来的，他们在参加酒会或庆典的时候，只要很短的时间就能和所有人交上朋友。但也有些人并不具备这样的天赋,他们在社交活动中常常比较内向,宁愿一个人躲在角落里也不愿主动与人交谈。

我们都知道一个常识:腿并拢的时候左右摇晃自己的身体,你会感觉到很容易失去平衡;双腿分开一定的距离再摇晃自己的身体,你会感觉保持平衡其实很容易。这个游戏告诉我们,你的延展度决定了你的安全感。这些“延展”除了专业技能、学识、经验外,就是你的人际关系网。

人际关系不良的原因剖析:

1. 从人的本质上讲

人是社会的动物,不可能生活在“真空”中。只要有人的地方,就会有是非、黑白、美丑。学校不例外,学生也不例外。

2. 从学校情况看

传统观念的学校是“象牙之塔”,实际早已今非昔比。随着社会的现代化、网络化,学校也是一个小社会,各种情形在所难免,并且现在许多学校集团化,学生人数倍增,俗语说得好:“林子大了,什么鸟儿都有”“人上一百,各种各色”,生旦净末丑,自难避免。

3. 从家庭角度说

一是现代家庭独生子女居多,都是“小皇帝”“小公主”,经常可听到这样的言论:“别人打你,你怎么不打他? 打不赢,咬也要咬上两口”“就是要去争,就是要去抢”等。总之,鲁迅先生的名言扩大了:老实、忠厚、忍让皆是无用的别名。

二是单亲家庭增多,孩子心理负担加重。

三是贫富差距加剧这个不争的事实,带来许多负面心理影响。

4. 从高中生交往心理讲

十六七岁的年龄,处于未成年人到成年人的转变期,看重友情,好奇爱情,渴望理解、尊重、赏识,但个人主义、唯美倾向突出,容易产生失落心理,甚至扭曲的认识,以为人心叵测、人情淡漠,从而走向逃避、孤僻,甚至极端,自己难受,身边的人也难受,并可能造成严重后果。

卡耐基说过:“和谐的人际关系是一笔宝贵的财富。”新东方创始人之一的俞敏洪也把“与社会和人打交道的能力”列为他认为“支撑起美好人生”的五种必备能力之一(另四种能力是:自然能力、技术能力、知识能力、人的生理承受能力和心理承受能力),可见,学会与各种人打交道也是成功之道。高中生是社会的产物,而且很快也将步入大社会,能够在高中阶段头脑清醒、积极主动,处理好必有的交往关系,既能让自己减少不必要的烦恼,在一个融洽和谐的环境中健康成长，快乐学习；又能为自己的将来积累丰富的经验，锻造良好的心态打下坚实的基础，拥有幸福美好的人生！

高中生人际交往培养可以从以下几个方面做起：

1. 与朋友交往：做到“四真”，又顺其自然

钟子期与俞伯牙的“高山流水”、马克思与恩格斯“伟大的友谊”、鲁迅与瞿秋白的“人生得一知己足矣，吾生当以同怀视之”，这些古今中外关于友情的千古佳话，让许多高中生心向往之；加之青春年龄、学生身份，爱情毕竟太朦胧，父母老师又有“代沟”，故自觉不自觉地把满腔感情寄托到自己的同性朋友身上，于是朋友就成了与他（她）最近、最亲的人一般，是学生最看重的交往。那么，怎样才能与朋友处好呢？首先要擦亮眼睛，交到真正的朋友。孔子曰：“友直友谅友多闻。”庄子云：“君子之交淡若水，小人之交甘若醴。”朋友就是自己的影子，多交“诤友”“净友”，且忌“狐朋狗友”“酒肉朋友”；其次真正的知己来源于充分的信任和平等，猜忌与自私是友谊的大忌，真心地赞美朋友、真切地关心朋友、真诚地鼓励朋友、真挚地帮助朋友，“四真”在心，友谊之花定会越开越艳丽，最后也要顺其自然。最珍贵的友情总是像北极星那样，永恒而又遥远。朋友相交，决非“韩信点兵”，而是“宁缺毋滥”。“路遥知马力，日久见人心”，缘起缘灭，决不能以自己的主观意识为转移，糊涂的友情，变味的友谊，不要也罢，自己要以一颗平常心冷静对待。

2. 与同学交往：己所不欲，勿施于人

除了朋友之外，同学就是高中生每天相处时间最长、相处数量最多的人，所以与同学的健康交往也十分重要。孔子有言：“己所不欲，勿施于人。”意思是说：自己所不想要的，不要施加到别人身上。正如哲人所说：你希望别人怎样对待你，你就先怎样对待别人。同学交往，集体生活，应能够经常站在别人的立场和角度思考问题，善于体谅他人，摒弃虚荣、嫉妒、小肚鸡肠，向往平和、宽容、豁达，不求推心置腹，力争将心比心，自会海阔天空；“花有两样红，人与人不同”，即使遇到那么一些心胸相对狭窄、见识相对短浅的同学，也十分正常，礼貌待之即可，不必破坏了自己的心情，更不能动摇自己的交往原则，否则两败俱伤。记住：爱出者爱返，福往者福来！

3. 与父母交往：百善孝为先

这话听起来太传统，但现实的情况让我们必须重拾孝顺的美德。各种原因，现在的高中生在与父母的交往中，比较和谐、和睦，双方感觉良好又温馨的不多。报上曾有公开的调查结果：“你崇拜的人中”鲜有提及自己父母的，甚至

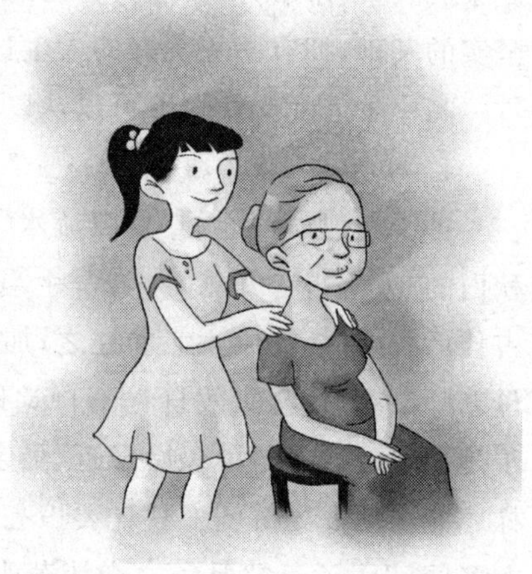

部分同学轻视、顶撞、欺骗父母，花着父母亲的血汗钱，干着与学业风马牛不相及的事。的确，父母天生应该爱儿女，有责任抚养儿女。那儿女呢？不也天生应该爱自己的父母，有责任孝顺、赡养自己的父母吗？而且父母有他们生活的奔波与艰辛，高中生是已有一定的学识和素养的准成人，于法于理于情，都应体贴、孝顺、关爱自己的父母。血浓于水，亲情无价！

4. 与老师交往：亦师亦友，教学相长

曾有言：小学老师是个神，初中老师是个人，高中老师不是人。意思说小学时期对老师充满了信任和崇拜；初中时期与老师是沟通和尊敬；高中时期自己长大了，对老师也不以为然了。故高中生和老师之间正常、友好、和谐的交往势在必行。首先从老师角度看，自己不是“救世主”，高高在上；不是“牧师”，布道说教。“师者，父母心”，真心热爱自己的学生，奉献一片赤诚。其次从学生角度看，老师不是神仙，不食人间烟火，有着常人的喜怒哀乐；也不是“十项全能”，“闻道有先后，术业有专攻”，故高中生年龄增大了，学识增加了，更应该懂得尊师、重道、理解、交流，是师生亦是朋友。《礼记》有言：“虽有佳肴，弗食不知其旨也；虽有至道，弗学不知其善也。是故学然后知不足，教然后知困。知不足，然后能自反也；知困，然后能自强也。故曰：教学相长也。”

5. 与异性交往：女生学会说“不”，男生要“自觉”，距离产生美感

这是高中生最敏感的一种交往。歌德说过：哪个少男不善钟情？哪个少女不善怀春？十七八岁，情窦初开的年龄，又处于新时代，物质生活改进，影视网络的影响，许多学生“早熟”，笑声尖了，声浪高了，小动作多了，个别的甚至离家、离校出走或同居，走得更远。所以，这也是必须正视和疏导的一种交往。女同学要学会说“不”，理智谢绝异性的追求，识别并抵制异性的挑逗，克制自己的“单恋”心理及某些冲动，拒绝任何金钱物质的引诱。男生要自觉投入到火热的学习生活中，培养男子汉应有的责任感；要自觉抵制黄色诱惑，提高道德规范自制能力。异性同学之间讲究群体交往和公开交往，保持应有的距离。实际上，距离产生美感。本就“镜中花”“水中月”，何必撕破神秘面纱，甚至自己酿造“悲剧”。

6. 与他人交往：与人为善，不亢不卑

高中生的交往圈子当然不止师友、同学、父母，家中有亲戚，校内有职工，出门有“社会人”，又怎么与他们交往呢？曾读过一则小材料：一位 16 岁的少年去拜访一位智者。少年问：“我如何才能变成一个自己愉快、也能够给别人快乐的人呢？”智者说：“我送你四句话——把自己当成别人，把别人当成自己。把别人当成别人，把自己当成自己。”这四句话体现的正是“与人为善，不亢不卑”的交往原则。待人要从真诚出发，有对他人的尊重和帮助，更要有自己的独立和尊严，“人不可有傲气，但不可无傲骨”（徐悲鸿），内心应是非分明，处事可外圆内方，做人要光明磊落。

连线职场

职场人员要建立良好的人际关系，可以从以下几个方面做起：

1. 对上司

对上司先尊重后磨合。任何一个上司，做到这个职位上，必定有某些过人之处，都是值得我们学习借鉴的，我们应该尊重他们精彩的过去和骄人的业绩。当然，每一个上司都不是完美的。要让上司心悦诚服地接纳你的观点，应在尊重的氛围里，有礼有节、有分寸地磨合。

2. 对同事

对同事多理解慎支持。对同事，我们不能太苛求。在发生误解和争执的时候，一定要换个角度、站在对方的立场上为对方想想，理解一下对方的处境，不可情绪化。同时，对工作我们要拥有诚挚的热情，对同事则必须选择慎重地支持。

3. 对朋友

对朋友善交际勤联络。多交一些朋友很有必要，朋友多了路好走。因此，空闲的时候给朋友挂个电话、写封信、发个电子邮件，哪怕只是片言只字，也拉近了距离。

4. 对下属

对下属多帮助细聆听。帮助下属，其实是帮助自己，因为员工们的积极性发挥得愈好，工作就会完成得愈出色，也让你自己获得了更多的尊重。而聆听更能体会到下属的心境和了解工作中的情况，为准确反馈信息、调整管理方式提供了详实的依据。

5. 向竞争对手

向竞争对手露齿一笑。在我们的工作生活中，处处都有竞争对手。当你超越对手时，没必要蔑视人家，别人也在寻求上进；当人家在你前面时，也不必存心添乱找茬。无论对手如何使你难堪，露齿一笑，既有大度开明的宽容风范，又有一个豁达的好心情，还担心败北吗？

江静毕业后，在一家广告公司给创意总监于娜做助理。工作的第二天，总经理办公室送来一份文件给于娜，说是要3天后拿出一个创意草稿。

当江静把文件送进于娜办公室时，她正在打电话给客户，看了看江静手里的文件，摆了摆手示意她放在桌上。可忙碌的于娜接完电话后，一时忘了这件事，文件被埋在案头。

3天后，总经理向于娜要这个方案的时候，于娜却完全想不起来这么一回事。她一个电话叫来江静，一通呵斥，批评她办事不力。

江静当着总经理的面，一个劲地解释她实际上把文件给了于娜，并把当时的情况形容了一下。

这让于娜很下不来台，不久就借故换掉了江静。

新人最大的缺点就是没有经验，最怕的事情就是被人误解，面对顶头上司的推卸责任，生怕会在更高级的领导面前失去了信任。但你千万要知道，所有的职员都怕上司对自己不满，总监于娜也不例外。她那么做也是想把大事化小，小事化无。

若江静不是极力地为自己分辩，于娜自然会把冲突的焦点解决掉。其实她心里也清楚错在何处，事情解决后她自然会记下这个能忍辱负重的助理。解释清一件事是很容易的，可为领导承担一些并不太大的责任，从而成为其心腹的机会却并不是很多。适当为上级承担责任可以获得更多机会。

孙滋进入以软件开发为业务的公司设计部时，部长把她安排给一个仅有高中学历的同事赵刚做搭档。

赵刚是一个灵活热情、工作上也积极肯干的中年男人，可就是因为学历的原因，迟迟得不到提拔，眼看着那些年轻又没有太多经验的大学生一个个都升迁了，他内心很不平衡。

与这样的前辈一起工作，孙滋总感觉到一种压力，采取了敬而远之的态度，除非是工作的需要才与他多说几句话。可也就是这样，让赵刚产生了一种孙滋看不起他的心理。

逐渐两人之间产生了一种对抗情绪，在工作上各持己见，总无法得到调和。后来，赵刚向领导提出孙滋太过于娇气和傲气，不能再做搭档。孙滋被调到了另一个小组。

孙滋对工作中遇到的矛盾不能积极地化解矛盾，缺乏必要的沟通。而赵刚触角又过于敏锐，恰巧造成了彼此的误会。其实，孙滋完全可以主动解决他们之间的问题。例如，她可以适当地称赞对方，经常向对方请教较易解决的问题。这样容易使对方从低学历的阴影中摆脱出来，产生一种满足感，从而树立起自己的“价值观”，两个人就能平和相处。

2005届应届毕业生小A：我很幸运，早早找到了一份待遇不错的工作，并且从5月起就开始上班了。那是一家规模不大的股份制公司，年轻、肯吃苦、毕业于名校的我很快就适应了工作环境，老总和副总都在有意无意间对我表示了栽培之意。可时间不长，有老员工悄悄给我递话：“你没看出来啊？老总和副总不合，站哪边，你看着办吧！”刚从学校出来，遇到这种事，我真不知该怎么办。一番思考后，我决定严守中立，“只要干好本职工作，谁能挑我的刺？”

公司小，老总和副总都喜欢越级交代工作。虽然任务压得人喘不过气来，但我宁可自己加班加点，也要做到两边不得罪。几个星期下来，我累得够呛，但两位领导似乎并不领情。他们开始变得热衷于教训我，常常是我前脚迈出总经理办公室，就被隔壁的副总经理叫去，换个角度、换套说辞再骂一遍。我不知道自己到底做错了什么。部门经理悄悄告诉我：“两边都帮，可就等于谁都没帮啊！”听了部门经理的话，我晕了，我到底应该怎么办？

面对公司内的派系斗争，一个人很难保持中立。想做到两边不得罪，最后往往两边都得罪了。其实，问题在于怎么看“得罪”二字。如果你所做的对得起职位、对得起自己，而对方又恰恰不能捅破窗户纸、拿你开刀，那来个“难得糊涂”又有何妨？我主张，面对公司内的派系斗争，新人要坚持三“不”原则——不介意、不参与、对事不对人。

其中，“对事不对人”是指保持平常心，一切从工作出发，从组织利益出发，按公司的规则和程序来判断、处理工作中的是是非非。

一般来讲，对待领导，下属要服从，而非盲从；要忠诚，而非愚忠。很多时候，领导之间的意见差异只是方法、手段的差异，并非目的不一致。即便目的、手段有分歧，那也应按公司规定的程序，让高层自己去解决。

新人有问题，不必憋在肚子里，最好问问自己的直属上司。如果直属上司的话也令人发晕，那就直接向发令者询问：“老总，您的意见好像跟副总的不大一样，您看我怎么跟他解释呢？要不然您跟他沟通一下行吗？”

如果公司内的派系斗争确实令人身心疲惫、不开心，那就不要留恋“不错的待遇”，早点另谋高就吧。

建立和维持人际关系，我们需要具备分享的理念，不是分享金钱，而是分享情感，分享关心与爱护，分享喜好与兴趣。我们用分享的精神来吸引别人，用分享来留住别人，在人与人的交流中，我们的关系网自然会建立起来。

赢在职场

不争不抢　方为自在

有两个小和尚平常就爱抬杠，有一天，两人又为了一点小事争论起来，愈说愈大声，最后吵得面红耳赤，谁也不服谁。

第一个小和尚气冲冲地跑去找师父评理。师父很有耐心听完小和尚的诉说，淡淡地说：“你是对的。”

有师父这句话，第一个小和尚得意洋洋回房去了。

不久，第二个小和尚也气冲冲地跑去找师父评理。师父也很有耐心听完他的说明，照样淡淡地说：“你是对的。”

第二个小和尚也高兴地回房去了。

这时，一直在旁服侍的第三个小和尚忍不住开口说：“师父，您平常教导我们待人要诚实，万万不可做违心之论，可是我刚才亲耳听见您跟两位师弟都说对，恕我冒犯，您这样岂非在做违心之论呢？”

师父对第三个小和尚的质疑，非但不生气，反而和颜悦色地说：“你是对的。”

第三个和尚入门较久，也比较有慧根，听师父这么说，立刻开悟，跪谢师父。

因为每一个人都认为“我是对的”，所以才会固执己见，毫不相让。他们都会认为自己说的都是真理，虽然他们说的是站在他们的立场上时可能是真理，但是如果站在对方立场来看就不是了。

因此，只要我们能做到将心比心，多一些站在对方的立场想问题，秉持“你是对的”的态度，争执的心一定会减少，彼此的摩擦也较容易获得解决，大家相处起来就会愉快好多，轻松好多。

解决争端的最好方法就是：不争。而要做到不争，就需要大家达成一个共识，而这个共识就需要大家一起去努力了，也就是说，在生活中多一点换位思考，在有异议的时候，学习站在对方的立场想想。

所以，只有放弃固执己见，才能扩展自己的眼界，才能学会客观地去看问题，才能建立起完美的人际网，才能对自己的生活、工作起到积极的作用，让自己远离没有必要的争吵，多一个学习机会。

处事艺术

一个小男孩，有一天妈妈带着他到杂货店去买东西，老板看到这个可爱的小孩，就打开一罐糖果，要小男孩自己拿一把糖果。但是这个男孩却没有任何动作。几次的邀请之后，老板亲自抓了一大把糖果放进他的口袋中。回到家中，妈妈好奇地问小男孩，为什么没有自己去抓糖果而要老板抓呢？小男孩回答很妙："因为我的手比较小呀！而老板的手比较大，所以他拿的一定比我拿的多很多！"

真是一个聪明的孩子，他知道自己的手有限，而更重要的，他也知道别人比自己强。凡事不只靠自己的力量，学会适时地依靠他人，是一种谦卑，更是一种聪明。

吃亏是福

俞敏洪在北大上学的时候，每天打扫宿舍卫生并为同学们打开水，且一直坚持了 4 年。他说，这件事情没有白做。十年后，他创办的新东方具有一定规模时，希望有合作者，他就带着大把的美元跑到了美国和加拿大去挖那些昔日的同学。那些同学回来了，理由却很意外。同学们说："敏洪，我们回去是冲着你过去为我们打了 4 年开水。我们知道你有这样一种精神，你有饭吃肯定不会给我们粥喝，所以让我们一起回中国，干新东方吧。"

俞敏洪说，他有个企业家的同班同学，家庭比较富有，上大学的时候，那个同学每个星期都会带 6 个苹果到学校来。同宿舍的同学以为他会每人分一个，结果是他自己一天吃一个。这之后，他给同学们留下了一个自私的印象。后来，这个企业家事业成功了，而那个独自吃苹果的同学没干成什么事情，就希望到这个企业家的公司工作，这个企业家没有接受他。原因很简单，就是因为那个苹果，所有人都不同意他加盟。

吃亏是福，“苦”尽甘来。你为他人多做点力所能及的事，别人会永远记在心里。自私自利的人，叫人看不起。与人互助、关心他人是永恒的美德，要学会与人分享。

职场演练

1. 案例分析：小 F 曾在私企和外企工作过，由于观察力强，他经常能提前想到老板的想法，因此深得器重。后来他跳到某机关单位，依旧处处揣摩领导的心思。开始时领导似乎很认可，夸他脑子转得快，有眼力。于是他变本加厉，经常与身边的同事交流领导的想法，预测领导下一个行动，并提前做好准备。但结果出人意料，他逐渐发现领导对自己越来越冷淡，不但不再夸奖，而且经常挑刺。过了没多久，他被领导随便找了理由，就给打发到了一个“空闲”的职位里去了。他很困惑，不是职场里都教人要懂得揣摩上司意图，提前做好准备，以得老板欢心吗？

试分析，小 F 主要存在哪些缺点？是什么原因让他被领导“冷落”了？

2. 职场小贴士：

(1) 首先要挑选好适合自己的企业和职位。如果觉得自己是个心无城府，喜欢直来直去的人，就不要轻易进入一些人际关系复杂的企业或者从事对人际关系处理能力有要求的职位。

(2) 学会适当装“傻”。对于老板不想要别人知道的事情，自己就算知道也要假装不知，不要功高盖主。

(3) 学会谨言慎行。无论在政府机关、事业单位、私企或外企，学会言之有物，言之有“度”，是重要的原则。

(4) 对上司的领导风格要心中有数。有些领导不喜欢被下属摸透心思，而只想让他们执行自己想要下属做的事情。看米下锅，因人说话，是每个职场人必须修炼的技能。

3. 职场人际交往中应该避免的 27 件事。

(1) 经常向人诉苦,包括个人经济、健康、工作情况,但对别人的问题却不予关心,从不感兴趣。

(2) 只谈论鸡毛小事,或不断重复一些肤浅的话题。

(3) 态度过分严肃,不苟言笑。

(4) 言语单调,喜怒不形于色,神情呆滞。

(5) 缺乏投入感。

(6) 反应过敏,语气浮夸粗俗。

(7) 以自我为中心。

(8) 过分热衷于取得别人好感。

(9) 经常以不悦而且对立的语气说话。

(10) 应该保持沉默的时候偏偏爱说话。

(11) 不管自己是否了解,对任何事情都发表意见。

(12) 公然质问他人意见的可靠性。

(13) 以傲慢的态度拒绝他人的要求。

(14) 指责与自己意见不同的人。

(15) 在其他人面前,指出部属和同事的错误。

(16) 措词不当或具有攻击性。

(17) 老是想着不幸或痛苦的事情。

(18) 对政治或宗教抱怨。

(19) 行为表现过于亲密。

(20) 浪费别人时间,即使有事造访,办妥后也应及早告退;也不要失约或当不速之客。

(21) 为办事才给人送礼,不注重身份。

(22) 故意引人注目,喧宾夺主。

(23) 对别人的事过分好奇,再三打听,查根究底。

(24) 搬弄是非。

(25) 要求别人都容忍自己的脾气。

(26) 服饰不整,身上有难闻气味,或服饰过于华丽、轻佻。

(27) 毫不掩饰地咳嗽、打嗝、吐痰等,当众整理仪容。个人职场形象需要逐步累积而建立,应为打造个人品牌形象而努力。

第四节　生活其实并不需要完美

未来是光明而美丽的，爱它吧，向它突进，为它工作，迎接它，尽可能使它成为现实吧！

——车尔尼雪夫斯基

最困难之时，就是离成功不远之日。

——拿破仑

职场故事

接受不完美的自己

有这样一位患者：女性，34岁，某公司部门经理，自诉对自己要求颇高，凡事都要求做得最好，但因常常无法如愿故总是自责，近来感到对平常驾轻就熟的日常工作都缺乏信心了，睡眠也不好，感到心中惶恐。她前来咨询，于是有了下面一段对话：

医生：你知道著名的维纳斯雕像吗？

患者：知道，很有名。

医生：你知道她除了美，还有一个非常显著的特征吗？

患者：（想了一想）她的手臂是断的。

医生：请你想象一下，如果我们帮她接上两只手臂，是不是会更美？

患者：（略作沉思）医生，您真会说笑，如果那样的话，她还叫维纳斯吗？

医生：是的，也就是说，凡事不可能完美，换言之，既然凡事不可能完美，那就说明残缺也自有一种美，那么你又为什么一定要追求工作中的完美无缺呢？这和为维纳斯接上双臂有什么区别呢？其实正是这些工作中小小缺陷的存在，才使你更加努力地工作，力争去避免失误，争取做得更好，那么你为什么不能容忍它们的存在而要感到焦虑不安呢？

患者：哦……是的，我好像有些明白了，让我回去想一想，好吗？

医生：好的，送给你一句话："人可以不断完善自己，但永远无法完美自己。"

其实,在生活中,正如那位部门经理一样,并不缺乏追求十全十美的完美主义者。如果你总是感到失意、失落,对他人不满,对自己也不满,总是处于抑郁情绪之中,那么你就有必要检查一下你是不是一个完美主义者了。完美主义是一种对自己、他人和社会抱有一种过分绝对的、完善的、理想化的思维方式与价值观念体系。完美主义的性格特点一旦形成,可能会影响自己的整个价值观念体系,影响到自己的整个生活的方方面面。

职场航标

完美主义者自古以来就有,但在竞争越激烈的社会,就越容易出现。

凡事追求完美,不是什么坏事。那些能够坚持自己主张的人,自律性通常都很强。他们意志坚定,一旦预计到将来的结果,就会心无旁骛地全身心投入其中。他们能够构想人生的长远目标,也愿意为这个目标而奋斗。

但令人惊讶的是,完美主义者却未必能有大的成就。他们勤勤恳恳,每件事都喜欢有个预先的计划,然而正是因为凡事追求完美,才会让他们对那种有可能不完美的事嗤之以鼻,最后实际成就反而会比那些不管不顾做了再说的人小不少。

完美主义者主要有以下一些特征表现:

1. 情绪波动大

可以说,每个完美主义者都希望事情按照自己想象中或者制订的计划去发展,但是由于现实和主观意识的脱节,事情往往和他的想法背道而驰。这个时候,完美主义者就会激动甚至发怒。当然,完美主义者会深刻地意识到,情绪波动也会破坏自己的完美,所以他会极力地去压抑自己起伏变化的感情波动。他们习惯于将对事情和对他人的所有不满意全部转嫁到自己身上,所以完美主义者是最容易自怨自艾的一类人。

2. 过度敏感

十全十美是完美主义者毕生的追求,他们追求确定的、精准的"完美",并希望别人看到的自己也是完美的,哪怕只是表面上看起来那样。所以,完美主义者更愿意让自己的人格无可非议,正因为这样,他们在人际关系中更加严谨,甚至到了吹毛求疵的地步。他们绝对不会轻易地去下结论,但是选定一个目标的时候就会全身心地投入。他们认为自己是跟别人截然不同的,最起码表面看来,他们的生活是完美的,正是因为他们认为自己完美,所以他们简直不能接受别人对他们的一丁点儿批评,这样就衍生了完美主义者过度敏感的性格。

3. 固执

在正常人眼中，完美主义者的行为有些夸张，所以完美主义者并不能成为主流代表。事实上，他们已经丧失了周围人的认同。但是周围人的不认同并不能给完美主义者带来一丝一毫的困惑，他们还是一如既往地朝着自己原本的目标努力，可以说，完美主义者是十二分固执的。完美主义者的固执影响到了他们的视野，他们看待问题有走向极端的倾向。一旦他们认定了一个事实或者下定了决心，他们就会对其他相反的意见过度反应。用“顽固”和“专制”这两个词来形容他们这时的状态毫不为过。

完美主义者的日常表现：

(1) 一定要一口气将话说完，一旦被别人打断，或者谈话环境被破坏，将感到愤怒。

(2) 极有主见，即便是在购物的时候，面对喋喋不休的促销人员，也能保持高度的冷静和理智。

(3) 对生活中一些随随便便的事情感到厌恶，认为人要对自己、对生活负责任。

(4) 经常天马行空地想，如果生活不是现在这个样子会更完美。

(5) 经常对自己或其他人感到不满，挑剔是他们的代名词。

(6) 太过在意别人的想法。

(7) 经常矛盾。

(8) 每天都列详细的计划。

(9) 经常改变自己的穿衣风格，甚至家里的装修风格。

(10) 经常觉得别人做得不好，喜欢亲力亲为地去做每一件事情。

渴望成功是人类的天性。许多人都会不断激励自己以实现越来越高的目标，这常常能够带来个人的成功以及社会的进步。较高的期望确实能够带来较大的成就。然而，在一个追求成功并满足的人生时，我们成功的标准必须是现实的，而且我们必须享受其中，还要对自己所取得的成就怀有一颗感恩的心。我们需要把梦想建立在现实上，并且欣赏自己的成功。有完美主义倾向的人，对待一件无足轻重的事，都会像对待维纳斯的断臂一样，结果往往画蛇添足。而在他们所从事的事业上，这种倾向就表现得尤为明显、强烈。可以想象，这些人比起那些不太追求完美结局的人来说，他们所承受的生活压力要大得多，甚至长年累月处于极度紧张的心理状态中，这样自然影响他们的生活和事业。

当今的心理学家们将完美主义分为适应的、健康的“积极完美主义”和不适应的、神经质的“消极完美主义”。泰勒博士将“消极完美主义”直接称为“完美主义”，而将“积极完美主义”称为“最优主义”。完美主义和最优主义的区别如下：

(1) 完美主义者认为人生道路应该是一条笔直的直线；最优主义者则把人生看作不规则的、螺旋式上升的曲线。

(2) 完美主义者恐惧失败；最优主义者把挫折和失败看作最好的自我成长反馈。

(3) 完美主义者教条、苛责、防备心强；最优主义者具有适应力、宽容、乐于接纳意见的心态。

(4) 完美主义者只关注结果，以致他们热衷于设定过高甚至不切实际的目标；最优主义者在奔向目标的同时，还会享受过程中美好的一切。

(5) 完美主义者和最优主义者最关键的不同在于前者是拒绝现实的，而后者是接受现实的。

阿拉斯戴尔·克莱尔(Alasdaire Clayre)的生命看起来很完美。他曾是牛津大学的明星学生，后来成为该校著名的学者，他受到无数人的推崇，赢得了许多奖项及奖金。他出版了自己的小说和诗集，而且还发行了两张唱片。他还亲自编剧、导演、制片并推广发行了一部电视片《龙的心》，这是一部关于中国的 12 集电视系列片。

这部片子获得了艾美奖，但克莱尔并没有到现场领奖。因为在他 48 岁时，刚刚完成这部片子没多久，他就扑向一辆疾驰的火车，选择以自杀的方式结束了他的一生。

终其一生，克莱尔从未认为自己做得足够好。虽然他确实非常成功，但他却看不到自己的成就。实际上，他是在不断否定自己的成果。首先，他经常用一些几乎不可能达到的标准衡量并否定自己。其次，就算他真的达到那些几乎不可能实现的目标后，他会很快认为这些成就是没有价值的而否定自己的成就，立即向下一个几乎不可能实现的梦想前进。

完美主义连自己的成就都拒绝了。在那些看起来好像“什么都拥有”、但却不幸福的人身上，经常可以看到这种情况。如果我们的梦想仅仅是拥有一个完美人生，那我们必将遭遇失望与沮丧，因为这个梦想在现实世界中终将破碎。克莱尔就是这样一位极端的完美主义者，这导致他觉得自己的所有成就看起来都不值一提，也使得他无法享受成功后那种真实和持续的快乐。

幸福存在于某一点上，这一点被当代人称为“工作与生活的平衡点”。但是，平衡点到底在哪里？在 21 世纪现实世界对我们的压力之下，什么是最佳方法，可以真正帮助我们平衡自己所有的承诺和期望，帮助我们在所有需要做和想要做的事情上找到平衡点？

第一步，接受现实——我无法面面俱到。

第二步，问自己，其中非常重要的五个领域：作为父（母）亲，作为爱人，对于我的专业、我的朋友以及个人健康，每一个方面做到怎样就算“足够好了”。

在一个完美的世界里，我可以每天花 12 个小时在工作上；而在真实世界里，朝九晚五的工作时间对我来说就已经足够好了。在一个完美世界里，我可以每周 6 次、每次花 90 分钟练习瑜伽，并且会花差不多的时间去健身房；而在真实世界里，每周 2 次、每次 1 小时练瑜伽，加上每周 3 次、每次 30 分钟的慢跑，已经足够好了。

“足够好了”的思维方式背后的基本理念是，我们必须从整体上接纳和遵从我们生命的限制，然后寻找最佳的或接近最佳的方式来分配我们的时间和精力。

事实上，只有“足够好了”这种思维方式才真正可以引导人们做到最好——达到个人表现的最优水平。完美主义者的狭窄途径，试图在生命的每一个方面都达到完美，最终只会导致妥协和挫败：在现实中的时间限制下，我们确实无法什么都做到。

第三步，寻找一件自己完全有能力做好的事，为自己定一个短期的目标，然后去把它做好，这样你的心情会轻松一些，做事也会较有信心，感到自己更有创造力和更有成效。

摒弃完美主义者的极端思维，像最优主义者那样更善于接受和适应变化和不确定性，才能学会悦纳不完美和失败，同时迎接成功并过上更幸福的生活。

连线职场

求佳求全要不得

苏老师是一所重点高校的辅导员，她非常热爱工作，非常敬业，同事们都笑称她为“工作狂”，她自己倒觉得自己是个完美主义者。

苏老师对工作高度负责，对自己要求极高，她坚信付出就一定有回报。平常苏老师把所有精力都放在学生工作上，事必躬亲，总不放心别人做事。凡事力求尽善尽美，有委屈有愤怒也控制着自己不宣泄，遇上挫折，所有委屈自己承担。除了工作，生活中的苏老师就没有了生气和活力，总觉得没有多余的时间和精力去面对自己的生活，一心一意扑在工作上。由于付出很多，苏老师非常害怕出事，草木皆兵，一点小事都疲于应付。苏老师内心总在担忧一些事情：害怕学生犯错误，害怕学生做傻事，也害怕学生反对自己，害怕组织的活动坏在哪个细节上，害怕自己的能力达不到领导的要求。所以每做一件事情都小心翼翼，都要提前进行反复准备和自我操练，否则就会觉得非常慌乱，没有自信。工作三年了，苏老师一直保持着对工作的激情和高度的责任感，凡事力求尽善尽美。平时总是高兴不起来，心情不开朗，走路和坐着的姿态总是保持挺直，动作僵硬，面部表情严肃。她在生活中言语越来越少，工作中过分控制自己的感情，但对亲人的脾气却越来越差。工作中如果和风细雨还好，一旦有个什么风吹草动，自己就觉得几乎喘不过气来，无法静心思考问题，精神都要崩溃了……

苏老师是个完美主义者，过分追求完美容易产生抑郁情绪，甚至患上抑郁症。

像苏老师这样的情况，我们就必须要改变不合理信念以克服完美主义倾向，改变绝对化的“应该”“必须”的想法，换个角度思考问题。必须要认识到，年轻人犯错误是很正常的事情，学生犯了错误才能够成长，才有机会帮助他们；学生反对辅导员的想法或做法反而说明他们有自己的想法和主见，他们长大了，他们懂事了，才敢和老师争辩，这是好事，不是坏事。只有承认错误，才能从失误中学习，才能不断发现自身的缺点和不足并努力改进，才能更好地得到能力和心理上的成长与发展。克服完美主义，可以尝试着从以下几个方面入手：

第一，应该明确这种思维方式的弊端。如果精神极度紧张，则难以胜任工作；常常因怕犯错误而不敢创新；不敢尝试新事物；经常自咎自责，剥夺了自己的生活乐趣；总是因发现自己的瑕疵而惶惶不可终日；常常感到目标过高而信心不足，以致总无法行动起来，等等。应该用自己的思考把一些武断的“应该”和“需要”从大脑中驱逐出去。

第二，完美主义者应求佳不求优。在做事过程中，设立的目标实际一些，精神压力和受挫感就不会那么大，获得成功的信心就强些，自然也就更有能力和创造力。你也许会发现，不执求一篇杰作，倒能创造出数篇佳作来。学会满足于实现目标的 95% 而不是 100%，在你做每一件事的时候，100% 是不可能的，因此拿到 95% 的分数就已经足够了。

第三，不要完全满足别人。你应当时刻记住：你不能取悦每一个人，也不能满足所有的人。你不可能完全达到你的父母、配偶、孩子、兄弟和上司、同事的期盼。不论怎样，你都必须认识到你会在某些地方使某个人失望。亚伯拉罕·林肯曾经作了一个著名的演讲，演讲中有这样一席话：“你可以一直取悦一些人，也可以在一段时间内取悦所有人，但是你不可能在所有的时间里取悦所有的人。”

第四，不要让自己成为一个超级上司或者下属。许多人认为作为众多下级关注的上司、上级信任并寄予厚望的下属，应该什么都会，这种想法是困扰他们的一个首要原因。如果他们认为自己的能力有瑕疵或工作中出现了不可避免的问题，他们就会责备自己：“我应该做得更好的”“我肯定有什么地方做错了”。每一个人都应该认识到没有完美的人。在自己能力范围内尽力去做的人是可以很好或较好地完成自己的任务的，尽管这听起来让有完美主义倾向的人失望，但是这是很现实的。

第五，在晚上临睡之前，列举每天所做的如意之事，看看自己累积起来的成就。只要坚持两周，你就会改变自咎自责的习惯。即使犯了错误，你也应及时记下自己可以从中吸取的教训。不要害怕犯错误。因为每吃一堑，可长一智。挫败完美主义的一个非常有用的方法就是学会犯错。认识我们的错误有助于调整我们的行为，这样我们就可以得到自己更满意的结果。所以我们说，错误最终使我们更加快乐，让事情变得更加漂亮。

永不言弃　方能成功

有一个人22岁时，刚找到新工作就失业了。23岁时，他决定投身政治，但是也没有成功。于是继续回去经商，又没有成功。27岁时，压力太大，他精神崩溃了，但又重新站了起来。7年后，他34岁时，竞选国会议员，名落孙山。39岁时，又一次竞选议员失败。他说：“让我试试更高层的。”到了47岁时，他试图竞选副总统，又失败了。到了50岁时，他试图竞选参议员；到了51岁，他成了美国第16任总统。他就是亚伯拉罕·林肯，是美国历史上最有影响力的总统。他谈起这段经历时说，“失败让人痛苦”，但他懂得，学习别无他法，成长别无他法。

迈克尔·乔丹说：我的职业生涯投篮失误超过9000次，输了大约300场比赛；有26次我被委以重任，投制胜一球，但失手了。我这一生一次又一次失败，所以我能获得成功。

爱迪生说过“我从失败中走向成功”。他失败了一万多次，才最终发明了电灯泡；但他没有把它们简单地视为失败，而认为是“成功地展示了哪些方法是不可行的”。

“如果你想提高成功率，就要将失败率翻倍”。那些历史上最成功、最有创造力的科学家和艺术家都是那些失败得最多的人。他们都不是完美主义者，他们都追求卓越，非常有雄心，都明白要成功没有别的方法，都认识到从失败中学习的价值。

他们都将失败作为一个关键点，一个生活的转折点。他们能够好好地利用已经发生的事情，将这些事情看成机遇，一种学习的经历，一块垫脚石，这就是失败对于适应力和完善人格的作用。成功没有捷径，学会失败，从失败中学习，这是唯一的途径。

职场演练

【心理测验】测测你是完美主义者吗？

完美主义是人生路上可怕的陷阱，陷入其中就会让你不能尽情地享受生活，就会让你远离他人，最后远离成功。

以下的测试可以帮助你发现你是否有完美主义的倾向，试想你自己处在以下情景中，然后判断你的行为。

1. 你想与多年前熟识的男/女友联络，可是当你想给他/她写信时却又一次次推迟，因为使他/她了解这之前的状况似乎是一件很难的事，是吗？

   A. 完全符合　　B. 基本符合　　C. 不太符合

2. 虽然你为一位潜在的客户做了营业报告但却没有争取到这位客户，你会连续几周感到沮丧和心不在焉，并且不断地想起你说错的话和做错的事吗？

   A. 完全符合　　B. 基本符合　　C. 不太符合

3. 如果在你工作的地方有人挖苦或羞辱你，你会发怒并感到受伤害。但随即你会这样想：“我应该能忍受这些，不能让它困扰。”是吗？

   A. 完全符合　　B. 基本符合　　C. 不太符合

4. 如果你不得不换工作，你会在制定目标后再去找工作吗？比如，你会先减肥，达到完美的体型后再以最佳的状态去面试。

   A. 完全符合　　B. 基本符合　　C. 不太符合

5. 由于干洗店没有及时地清洗你喜爱的餐桌布，你在就餐时感到很不舒服，并且不能尽情享受美味吗？

   A. 完全符合　　B. 基本符合　　C. 不太符合

6. 工作中你尽量避免参加日程上的讨论会（你会首先想好了主意，再把最佳方案拿给大家看)，除非你已经在事前做了充分准备，是吗？

A. 完全符合　　B. 基本符合　　C. 不太符合

7. 你正在设计一个重要的方案，却找不到最心爱的钢笔，你会放下手头的工作直到找到它为止吗？

A. 完全符合　　B. 基本符合　　C. 不太符合

8. 当你在某人身边，而他又是你心仪的男人或对你的工作很重要的人物时，你便会谨慎从事，要么费尽心思使谈吐恰如其分，要么干脆缄口不语吗？

A. 完全符合　　B. 基本符合　　C. 不太符合

9. 当你不得不当众发言而感觉慌乱时，你会在心里气愤地责备自己不争气吗？

A. 完全符合　　B. 基本符合　　C. 不太符合

10. 如果朋友要你请假陪她去医院看病而你碰巧有重要工作而不能请假时，你会感到非常不安吗？

A. 完全符合　　B. 基本符合　　C. 不太符合

11. 节日期间你会因送礼物问题而搞得焦头烂额吗？因为你不得不花上几个星期的时间寻觅合适的礼物。

A. 完全符合　　B. 基本符合　　C. 不太符合

记分方法及评分规则：

选 A 得 2 分，选 B 得 1 分，选 C 得 0 分。

分析解读

1. 14～22 分：你很接近于完全病态的完美主义者，你对于期望过分坚持，而当你达不到目标时就会感到万分痛苦。

2. 8～13 分：你似乎对结果的期望不是很高，你只是在生活中的某些领域里不够圆融变通。

3. 0～7 分：你的目标和结果几乎接近于现实，完美主义者的思想并不是你生活的主流。

(1) 如果你符合问题 4、问题 10，那么你也许抱有不切实际的目标或理想，完美主义者常常自发地引起不必要的焦虑和因为制定过高的目标而增加失败的机会。

(2) 如果你符合问题 1、问题 3，你也许有拖延的习惯，完美主义者常因害怕事情不能做得完美而避免采取行动。其实，你想想，不采取行动和完美之间还有第3条可走的路——行动，而行动的范围和可能是无限的。

(3) 如果你符合问题7、问题11，你过分注意细节和精确性，你会努力使每一步都到位，这让你在不值得的地方花去更多的时间和精力。

(4) 如果你符合问题2、问题5，那么你容易忽略积极的因素，常因小小的瑕疵和过失把成绩一笔勾销，完美主义者认为宁缺毋滥：如果做砸了一桩生意就认为工作就一无是处。实际上，你忽略了一个事实——那些做成功的生意，即使有消极因素，也能够自信、自尊。

(5) 如果符合你的总是6、问题8和问题9，那么你惧怕自我暴露。完美主义者常认为"假如我不完美我就难以使别人喜爱我"。这种想法造成与他人交往时过分苛求自己，缺乏自主意识。

2. 案例分析：

史蒂夫·乔布斯是典型的一位完美主义者，他的经典名言是："如果要做成一件事，你就要对它十分、十分地热爱，否则就没有任何意义。"这位完美主义者的演讲总是轻松活泼却又波澜壮阔，温馨感人却又诙谐有趣，直接触碰人内心深处最柔软的那根心弦，却又拿捏得恰到好处。大家都以为乔布斯在即兴挥洒自己的演讲天赋，事实上，每次演讲，乔布斯都需要准备几个星期，需要上百人共同协作。这听起来很不可思议，但却是千真万确的。乔布斯有一个专门为演讲服务的工作小组，他们搜集一切乔布斯可能用得到的视频和图像，并从数以万计的视频和图像中，挑选出最满意的给他。即便如此，乔布斯还是会毫不留情地砍掉其中的绝大部分。乔布斯会对自己的演讲进行彩排，他每次都要求彩排精确无误，如果图片和手势没有达到最佳配合，那么参与人员就会被训斥得狗血淋头。

乔布斯近乎残酷的完美主义，还体现在苹果新产品的研制中。在乔布斯这个"技术标杆"的测量下，很多参与苹果产品研发的人员最终做出了超越自己能力的成果。也正是因为这个原因，有很多技术尖子永远地离开了苹果，他们声称无法容忍乔布斯的暴躁乃至挑剔。有一种夸张的说法是这样的，没有人可以跟乔布斯合作一次以上。乔布斯曾要求一位设计师在设计新型电脑时，让电脑外表看不到一颗螺丝。后来，那名设计师设计的模型里有一颗螺丝稍微露了出来，结果乔布斯立马就把他开除了。

请问，在乔布斯身上我们可以学到哪些积极向上的精神？我们应如何客观评价乔布斯？

第五节 积极面对职业倦怠

知道事物应该是什么样，说明你是聪明人；知道事物实际是什么样，说明你是有经验的人；知道如何使事物变得更好，说明你是有才能的人。

——德罗

当一切似乎毫无希望时，我看着切石工人在他的石头上，敲击了上百次，而不见任何裂痕出现。但在第一百零一次时，石头被劈成两半。我体会到，并非那一击，而是前面的敲打使它裂开。

——贾柯·瑞斯

职场故事

晓燕的迷茫

罗晓燕是一家颇有名气的网站网络主持人。几年前，她被录取做编辑，得知自己被录取后，她激动得一夜未眠。刚开始，她非常努力地工作，第一个到公司，最后一个回家。偶然的一次机会，她被领导召去主持一个重要的网络直播，并顺利地将节目主持了下来。从那以后，罗晓燕的心被激情和上进涨得满满的，她发誓要成为最出色的网络主持人。一年后，晓燕从候补主持人成为了一名真正的网络主持人。

几年过去了，罗晓燕对工作却越来越提不起兴趣。没完没了的加班使她感到很厌倦，她心里总会禁不住冒出"凭什么呀?"的怨言。最让她不满的是公司的奖赏制度。同样一个选题，她辛辛苦苦采访来的与有些人耍小聪明攒出来的是同一个待遇。渐渐地，她对工作开始厌倦，不止一次地问自己：这么辛苦有什么意义？却始终找不到答案。由于情绪低落，工作效率低，她也就越来越不想做，领导对她日益下降的效率和工作表现也不太满意。她真担心有一天自己会被领导炒鱿鱼，可是她却没有精力去改变这一切。

罗晓燕对于目前的职业状态充满了厌倦的情绪，不受重视的感觉使晓燕的自尊心受到极大的打击，感觉自己的付出与回报根本不匹配。工作动力和激情一下子消失殆尽，突然发现日常工作是如此的繁重和乏味，委屈、无助的感觉随着时间的推移慢慢被放大，工作效率明显降低，身体疲惫，这说明她正面临着职业倦怠的煎熬。

职场航标

“职业倦怠症”又称“职业枯竭症”，它是一种由工作引发的心理枯竭现象，是上班族在工作的重压之下所体验到的身心俱疲、能量被耗尽的感觉，这和肉体的疲倦劳累是不一样的，而是缘自心理的疲乏。

职业倦怠大致有生理和心理两个方面的表现，生理上表现为：注意力分散、记忆力下降、反应迟钝、精神恍惚等；心理上表现为：逐渐失去工作兴趣、缺乏热情和成就感、对工作任务产生厌倦、感到力不从心等。

发生职业倦怠并不可怕，因为几乎每个职场人都会或多或少遭受它的侵袭。只是，有些人很快就能够走出倦怠的沼泽，而有些人却会因不堪其扰而难以自拔。那么，职业倦怠是怎么发生的？为什么每个人所感受的倦怠程度不一样呢？研究人员认为，有些行业、有些人群、有些工作时段，往往是职业倦怠最容易发生的。

1. 易感职业

一般来说，社会服务性行业或较为单一的机械性工作，发生职业倦怠的概率比较大。服务性行业的工作人员是以服务对象为主体，工作人员需要不断调整自己的工作节奏才能符合服务目标的要求。因为缺少行为的自主性、无法确定自己行为价值，所以就很难保持持久的情绪高涨。据专家表示，教师、医护工作者等相关从业人员是职业倦怠症的高发群体，这类助人的职业当助人者将个体的内部资源耗尽而无补充时，就会引发倦怠。而单一机械的工作，由于缺乏挑战和刺激，也极易产生倦怠。

2. 易感人群

一般而言，凡事追求完美主义、A型性格、外控性格等都容易受到职业倦怠症的折磨。A型性格是一种“工作狂”的性格特点，容易紧张，情绪急躁，进取心强，在外界看来好像冲劲十足，就像永不断电的长效电池，实际上身心状况超支付出，而易导致身心的倦怠。

3. 易感时段

每个人的职业发展都会出现瓶颈阶段，这是职业生涯中最困难的阶段。它会让我们感到压力重重，在与工作压力对抗的过程中无计可施，开始怀疑自己，甚至放弃了斗志。很多人就是因为身处职业瓶颈而产生倦怠并选择跳槽的。但是，这样不断的非理性跳槽反而加大了职业倦怠的概率和无谓的逃避。

4. 来自工作内容或职场环境的失衡

工作负担过重、缺乏工作自主、薪资待遇不合期望、职场的人际关系疏离、强烈认为组织待遇不公或和公司的理念不合,都会变相引发职业倦怠症。

Maslach 和 Leiter 于 1997 年提出了职业倦怠的工作匹配理论。他们认为,员工与工作在以下六方面越不匹配,就越容易出现职业倦怠。

(1) 工作负荷:例如,工作过量。

(2) 控制:控制中的不匹配与职业倦怠中的无力感有关,通常表明个体对工作中所需的资源没有足够的控制,或者指个体对使用他们认为最有效的工作方式没有足够的权威。

(3) 报酬:可以指经济报酬,更多的指生活报酬。

(4) 社交:例如,员工和周围的同事没有积极地联系(有可能由于工作把个体隔离或者缺乏社会联系,但同时工作中与他人的冲突影响严重)。

(5) 公平:由工作量或报酬的不公平所引起,评价和升迁的不公平则容易带来情感衰竭。

(6) 价值观冲突:员工和周围的同事或上司价值观不一致。

职业倦怠的特征:一个人长期从事某种职业,在日复一日重复机械的作业中,渐渐会产生一种疲惫、困乏,甚至厌倦的心理,在工作中难以提起兴致,打不起精神,只是依仗着一种惯性来工作。

职业倦怠最常表现出来的症状有以下三种:

(1) 情感衰竭:指没有活力,没有工作热情,感到自己的感情处于极度疲劳的状态。它被发现为职业倦怠的核心纬度,并具有最明显的症状表现。

(2) 去人格化:指刻意在自身和工作对象间保持距离,对工作对象和环境采取冷漠、忽视的态度,对工作敷衍了事,个人发展停滞,行为怪僻,提出调动申请等。

(3) 无力感或低个人成就感:指倾向于消极地评价自己,并伴有工作能力体验和成就体验的下降,认为工作不但不能发挥自身才能,而且是枯燥无味的繁琐事物。

祸兮,福之所依;福兮,祸之所存。换个角度看,职业倦怠也未尝不是一件好事。可以说,职业倦怠是对职场人的一次考验,顺利跨过这道坎,职业发展往往会翻开新的一页。所以,当我们身处职业黑暗期的时候,找出解决的策略才是最佳的途径。

应激研究泰斗塞里曾说:“很多人停滞在一个阶段感到失败,很大一个原因就是不愿改变现状。”随着应激而改变，这是适应的最关键问题，只有自己才能帮助自己。

连线职场

就业市场上的竞争，实际就是能力与素质的竞争。面对激烈的竞争，我们不能否认心理上会存在的一些焦虑、恐惧、自卑、盲从的不健康的心理。当遇到类似的问题时，要学会科学地认识自己的优势与劣势，正确面对成功和失败，坦然接受顺境与逆境，以积极的、健康的心态去看待整个职业世界和自己追求的职业目标，找准目标，坚定走下去。

一、认识自我

认识自我就是要认清自我价值，掌握自己的优势与不足，预测自己倦怠的征兆，了解自己的主观情绪是否影响了自己的生理和心理变化，有无做好应激的积极准备？有了积极的自我认识，才能正视应激情境的客观存在；才能勇于面对各种现象、准确地对待周围环境中的一切人和事，有针对性地对自己进行心理控制并尽量与周围环境保持积极的平衡，成为自身行动的主人，从而避免遭受应激给自己带来的生理和心理上的损伤；才能对可预见的应激进行自我调整，主动设置缓冲区，提高自己的心理应付水平。因此，只有从自我的阴影中摆脱出来，正确地认识自己及周围环境，才能把变化视为正常的事，不断接受变化的刺激，积极、愉快、主动地迎接生活的挑战，走出倦怠。

二、应对方式

1. 运用心理暗示的策略

暗示，指的是在无对抗态度的条件下，用含蓄间接的方法对人的心理和行为施加影响，这种心理影响表现为使人按一定的方式行动，或接受一定的意见、信念。暗示对人的心理和行为产生着很大的影响。积极的暗示可帮助被暗示者稳定情绪、树立信心及战胜困难和挫折的勇气。每个人可把自我暗示作为提高自己应付应激能力的策略。当千头万绪、不知所措时，绝不要抱怨、退缩、自怨自艾，否则人就很容易陷入倦怠，不可自拔。这时要用言语反复提醒自己：“一次一件事，我一定能做完所有的事”“走过去就是个天”“工作着就是快乐的”“与其痛苦地做，不如快乐地做”“有人帮你是你的幸运，无人帮你是公正的命运，没有人会为你做些什么，你只有靠自己”，坚信“苦乐全在主观的心，不在客观的事”“因为我觉得快乐，所以我快乐”……学会随时对自己说：“太阳每天都是新的，即使是阴天也是别样的美好”“积极的生活态度比生活本身更重要”。

当面对孤独、寂寞的、缺乏成就感的工作环境时，要学会奖励自己、为自己喝彩，哪怕是自己的一丁点的进步，都不要忘记对自己说一声：“哦，我做得真不错，明天继续努力哦!”在经常性这样言语的自我暗示下，个体就会由急躁、泄气、灰心变为情绪稳定、有条不紊、信心十足，自信有能力控制各种应激。自己的心理状态得到调节，心理活动水平得到提高，从而无论在顺境还是在逆境中，都能始终保持乐观向上的心态，不断在苦难中寻找新的乐趣，成为一个热爱生活、善待生命、对生活充满激情的人。

2. 学会适应的策略

在各种应激事件和压力面前，自己一定不要一味地抱怨，要及时调整心态、学会适应，换一种角度看压力。学会对让我们曾经头疼不已的压力心存感激，如果因为没有压力，我们的生活也许会是另外一个模样，并积极地投入到变化之中，这样才不至于感觉受到极大的伤害。随着应激而改变，这是适应的最关键的问题，只有自己才能帮助自己。要改变，那就行动吧!

3. 其他方式

(1) 换个角度，多元思考。学会欣赏自己，善待自己。遇挫折时，要善于多元思考，“塞翁失马，焉知非福”，适时自我安慰，千万不要过度否定自己。

(2) 休个假，喘口气。如果是因为工作太久缺少休息，就赶快休个假，只要能暂时放空自己，都可以为接下来的战役充电、补元气。

(3) 适时进修，加强实力。职业倦怠很多情况下是一种“能力恐慌”，这就必须不断地为自己充电加油，以适应社会环境的压力。

(4) 适时运动。减压的绝佳方法，运动能让体内血清素增加，不仅助眠，也易引发好心情。运动有“333”原则，就是1周3天，每天30分钟，心跳达130下，如快走、游泳都是好的运动。

(5) 寻找人际网络。除了同事，人要有其他可谈心的人际网络，否则容易持续陷入同样思维模式，一旦有压力反而很难抒解。

(6) 说出困难。工作、生活、感情碰到困难要说出来，倾听者不一定能帮你解套，但这是抒发情绪最立即有效的方法，很多抑郁症患者因碰到困难不肯跟旁人说，自己闷闷、默默地做事，最后闷出抑郁症。

(7) 正面思考。把工作难关当作挑战，不要轻视自己，要多自我鼓励。不懂就问人，或寻求外援，唯有实际解决困难，才不会累积压力。“加油，我一定办得到”跟“唉，我只要不被老板骂就好”的两种心情做出的工作绩效绝对不同，正面思考并非天生本能，可经过后天练习养成。

（8）幽默感。别把老板、主管、同事的玩笑想得太严肃，职场和谐很需要幽默感。

三、企业要开展针对性职业心理引导，弘扬企业文化，帮助新人融进去

就业指导作为一项重要的社会活动，随着其专业化程度的不断提高，全社会参与的范围越来越广，更多的企业逐步承担起就业指导的延续性功能。近年来，职业心理辅导在许多企业特别是外资企业和合资企业中兴起。

拥有积极、高效、与企业价值观一致的员工是每个企业的愿望，可要实现企业的持久健康发展，需要员工的认同感和主人翁意识。为了达到这种和谐，企业就需要结合自己的企业文化，有针对性地对自己的员工进行职业心理辅导。美国著名的财经杂志《财富》指出："没有强大的企业文化，没有卓越的企业价值观、企业精神和企业哲学信仰，再高明的企业经营战略也无法成功。"健康的企业文化一般具有企业内部员工共同的价值观，是企业信奉并付诸实践的价值理念体系，具有心理激发力，维系着企业所有成员。

职业心理辅导可以帮助员工从工作心态、工作方法、人际关系、沟通技巧、个人素质、职业形象等多个方面来提升，从而尽早走向专业化、职业化。目前，在国外发展成熟的EAP——员工心理辅助计划，已被引进了国内。部分大型合资企业为自己的员工购买了EAP计划，邀请有资质的心理专家进入企业，为企业管理者和员工提供个人心理帮助。心理学家舒伯认为，人的职业选择和发展不是特定时间出现的单一事件，而是人生持续不断的适应过程。所以职业心理辅导就要坚持发展性原则，对员工持续有效地加以感染和引导。对于老员工则可以从职业方向感、职业倦怠感、职业压力感、人际亲和感和组织归属感五个方面加以辅导，引导他们和企业共存同荣，让每个人的工作变得轻松、有趣和高效。

赢在职场

我是这样工作的

康辉从职业院校毕业后，已经工作11年了，他曾经在企业及机关分别工作过，后来又去大学深造过几年。康辉回想起自己在工作的那段日子，感到很欣慰，他对工作的体会是：谦虚、谨慎、踏实、肯干。

工作中要保持谦虚和谨慎，能够得到同事们的帮助和支持，使自己的工作能圆满完成。

工作中保持踏实和肯干，是职业生涯成功的必备条件和基础。无论事业大小，工作多少，作为员工都应尽量好好干。踏实和肯干是一种最基本的工作态度，也是个人形象的完美体现。

另外，康辉认为，工作中妥善处理好与领导、同事的关系也非常重要。他认为没有领导的支持，再好的工作设想也是空中楼阁。尤其是当自己的想法和领导有冲突时，也要曲折对待，不能硬碰硬。领导让你干什么，你就干什么，即使是不可行的工作，也要先做起来，然后在做的过程中，慢慢地与领导进行沟通，可以逐渐地解决认识冲突问题。因此，"要想当一个好领导，首先要学会做好一个被领导者。"现如今，康辉已是某药厂销售部的经理了。

康辉的工作经历给了我们三点启示：第一，要学会找到解决问题的方法和时机，这是抓好"天时"因素；第二，毕业生在确立就业单位后，就要沉下心，踏实、勤奋地开展工作，这是充分利用"地利"因素；第三，工作过程中一定要注意处理好各种人际关系，因为工作过程中需要不断地与人打交道，这是完成工作的基本环境，是谁也脱离不了的，这是为了创造和谐的"人和"因素。如果我们在职业生涯的发展过程中，时时注意将"天时、地利、人和"做好，那么你的职场之路一定会越走越宽，你的职业目标也一定能够实现。

成功是熬出来的

成功的秘诀有千千万万，有人依赖背景，有人凭靠天赋，有人借助机遇……而他却凭着一种"熬"的韧性，二十年来潜心做了一件事，最终由一个几乎被所有人认为"很一般"的平常人，以一本小说在一夜之间蹿红网络，红透大江南北，获取巨大的成功。

他叫石悦，今年28岁，以前是广东某地海关的一名小公务员，出名后被借调到北京海关总署下属杂志《金钥匙》任编辑。帮助他迅速成名的正是那本由他撰写、目前在读者中引起巨大轰动的历史小说《明朝那些事儿》。成名以前，石悦是一个普通得不能再普通的人。出生在一个平凡的家庭，性格偏内向，从小学到大学，学习成绩不好也不坏，无任何特长，一直被老师、同学甚至父母视为资质平庸、将来不可能有多大出息的男孩。石悦唯一有点与众不同的东西，就是对历史的痴迷。还在小时候，当别的男孩子整天拿着变形金刚、仿真手枪玩得正欢时，石悦却对历史故事书籍情有独钟，一套《上下五千年》历史丛书是他童年、少年时形影不离的"好伙伴"。进入大学，许多同学忙着谈恋爱、沉溺于各种网络游戏中，石悦仍然将自己的课余时间全都交给了史书。只要一有空，他就会一头扎进图书馆，如饥似渴地阅读着一本又一本厚厚的史书。

大学毕业后，石悦考取了公务员。他从来不会像办公室的其他同事那样，一张报纸一杯茶地消磨着漫长的时光，他依旧躲进史书中与各朝各代的历史人物交友为伴。石悦成了众人眼中的另类，甚至大家觉得他有点孤僻。在现实生活中，他不抽烟不喝酒、不打麻将不泡吧，也不爱交朋友，一点都不像“80后”的年轻人。下班后，基本上不会有什么休闲活动与社交应酬，他常常将自己关在狭窄的房间里，独自沉浸在那些刀光剑影、富贵浮云的历史往事中，或者奋笔疾书地记录着一些有趣的历史故事。

直到有一天，一本名叫《明朝那些事儿》的历史小说在天涯论坛、新浪网站风起云涌，掀起一阵阵热潮，深受广大网民读者热烈追捧，每月的阅读点击率超过百万。当许多出版商赶到石悦的单位争相要和他签订出版合约时，大家才知道，这个平时毫不起眼、有点木讷内向的小伙子就是目前网络中大名鼎鼎的当红作者“当年明月”。这回使得与他朝夕相处的同事们大跌眼镜。

后来，有媒体记者向石悦讨教成功经验时，他调侃地说道：“比我有才华的人，没有我努力；比我努力的人，没有我有才华；既比我有才华，又比我努力的人，没有我能熬！”

这话回答得十分精彩，石悦的成功确实是熬出来的，正因为他二十年如一日地耐得住寂寞，迷恋于历史，才会换来今天的辉煌成就。

成功就是简单的事情重复做

全国著名的推销大师，即将告别他的推销生涯，应行业协会和社会各界的邀请，他将在该城中最大的体育馆作告别职业生涯的演说。那天，会场座无虚席，人们在热切地、焦急地等待着，那位当代最伟大的推销员作精彩的演讲。当大幕徐徐拉开，舞台的正中央吊着一个巨大的铁球。为了这个铁球，台上搭起了高大的铁架。一位老者在人们热烈的掌声中走了出来，站在铁架的一边。他穿着一件红色的运动服，脚下是一双白色胶鞋。人们惊奇地望着他，不知道他要做出什么举动。这时，两位工作人员抬着一个大铁锤放在老者的面前。主持人这时对观众讲：请两位身体强壮的人到台上来。好多年轻人站起来，转眼间已有两名动作快的跑到台上。老人这时开口和他们讲规则，请他们用这个大铁锤去敲打那个吊着的铁球，直到把它荡起来。一个年轻人抢着拿起铁锤，拉开架势，抡起大锤，全力向那吊着的铁球砸去，一声震耳的响声，那吊球动也没动。他就用大铁锤接二连三地砸向吊球，很快他就气喘吁吁。另一个人也不示弱，接过大铁锤把吊球打得叮当响，可是铁球仍旧一动不动。台下逐渐没了呐喊声，观众好像认定那是没用的，就等着老人做出什么解释。会场恢复了平静，老人从上衣口袋里掏出一个小锤，然后认真地面对着那个巨大的铁球。他用小锤对着铁球“咚”敲了一下，然后停顿一下，再一次用小锤“咚”敲了一下。人们奇怪地看着，老人就那样“咚”敲一下，然后停顿一下，就这样持续地做。十分钟过去了，二十分钟过去了，会场早已开始骚动，有的人干脆叫骂起来，人们用各种声音和动作发泄着他们的不满。老人仍然一小锤一停地工作着，他好像根本没有听见人们在喊叫什么。人们开始愤然离去，会场上出现了大块大块的空缺。留下来的人们好像也喊累了，会场渐渐地安静下来。大概在老人进行到四十分钟的时候，坐在前面的一个妇女突然尖叫一声：“球动了！”霎时间会场立即鸦雀无声，人们聚精会神地看着那个铁球。那球以很小的摆度动了起来，不仔细看很难察觉。老人仍旧一小锤一小锤地敲着，人们好像都听到了那小锤敲打吊球的声响。吊球在老人一锤一锤的敲打中越荡越高，它拉动着那个铁架子“哐、哐”作响，它的巨大威力强烈地震撼着在场的每一个人。终于场上爆发出一阵阵热烈的掌声，在掌声中，老人转过身来，慢慢地把那把小锤揣进兜里。老人开口讲话了，他只说了一句话：在成功的道路上，你没有耐心去等待成功的到来，那么，你只好用一生的耐心去面对失败。

很多孩子都羡慕奥运跳水冠军夺冠时的光彩，可谁能看到他们成千上万次在无人喝彩时重复做着枯燥的动作。正如这位著名的推销大师所说的，在成功的道路上，你没有耐心去等待成功的到来，那么，你只好用一生的耐心去面对失败。

职场演练

1. 测一测。认真阅读下列问题，请您根据自己的情况，从中选择符合自己情况的那一项。其中，A ——从未如此；B ——很少如此；C ——说不清楚；D ——有时如此；E ——总是如此。例如，第一题：“对工作感觉到有挫折感”，如果您从未如此，请在答题卡上“(1)”后面的空格内写上“ A ”。

(1) 对工作感觉到有挫折感。 ( )

(2) 觉得自己不被理解。 ( )

(3) 我的工作让我情绪疲惫。 ( )

(4) 我觉得我高度努力工作。 ( )

(5) 面对工作时，有力不从心的感觉。 ( )

(6) 工作时感到心灰意冷。 ( )

(7) 觉得自己推行工作的方式不恰当。 ( )

(8) 想暂时休息一阵子或另调其他岗位。 ( )

(9) 只要努力就能得到好的结果。 ( )

(10) 我能肯定这份工作的价值。 ( )

(11) 认为这是一份相当有意义的工作。 ( )

(12) 我可以从工作中获得心理上的满足。 ( )

(13) 我有自己的工作目标和理想。 ( )

(14) 我在工作时精力充沛。 ( )

(15) 我乐于学习工作上的新知。 ( )

(16) 我能够冷静地处理情绪上的问题。 ( )

(17) 从事这份工作后，我觉得对人变得更冷淡。 ( )

(18) 对某些同事所发生的事我并不关心。 ( )

(19) 同事将他们遭遇到的问题归咎于我。 ( )

(20) 我担心这份工作会使我逐渐失去耐性。 ( )

(21) 面对民众时，会带给我很大的压力。 ( )

(22) 常盼望有假期，可以不用上班。 ( )

说明：该问卷包括三个分量表：情绪衰竭(1)～(8)、低个人成就感(9)～(16)、非人性化(17)～(22)，其中(9)～(16)为反向题。

A,B,C,D,E 分别记 1, 2, 3, 4, 5 分，反向题相反记分，求出每一分量表的平均分，即代表这一分量表的程度。

2. 试一试。克服职业倦怠的以下方法：

(1) 如果可以的话，当问题产生时，可马上解决，不要累积下去。

(2) 到床上睡觉，不要担心或烦恼。如果在睡觉时，你发现心情不好，可去散散步或阅读一篇让你感到愉快的文章，或和你爱人谈谈生活中的美好事物。

(3) 替自己寻找一个紧张的宣泄口，去参加一些平常并不会去做的活动。

(4) 在日常生活中,常呼吸新鲜的空气并运动。

(5) 远离咖啡壶。

(6) 如果你不能去遛狗,可去借一条,你的邻居可能因此而更喜爱你。

(7) 当寂寞时,收听一些较有活力的音乐并轻松跳舞,不要管跳得好不好,只是要让自己感觉好一点。

(8) 去阅读一些不常接触的科目——去修一门课或去图书馆,让你全神贯注并觉得有趣。

(9) 试着不要和同事互相抱怨。

(10) 在过完糟透的一天后,回到家洗个热水澡并唱歌,当你大声唱歌时,就不会觉得那么沮丧了。

(11) 摄取均衡的饮食,避免吃太多甜食及垃圾食物。

(12) 在地区博物馆或文化中心当志愿看门员。

(13) 在午餐时间到图书馆拿一本好书,选择一个舒服、隔离的座位,享受午后的宁静。

(14) 清理阁楼,浴室或塞得太满的柜子。

(15) 花一点时间和小孩在一起,不要只是接送他们。

(16) 参与一些需要用力的活动:整理花园,擦洗地板。

(17) 慢慢地呼吸,并注意吸进和呼出的空气。

(18) 去远足,骑自行车。

(19) 详细地写日记,并将焦点放在生活上正面的观点与最近的正面计划。

(20) 在雨天中漫步,而不担心鞋子湿掉或感冒。

(21) 当你还为工作担心时,不要吃晚餐。

(22) 安排一个时间诉说痛苦,不要在其他时间讨论你的痛苦。

(23) 对待配偶要特别好。

(24) 和朋友保持联络。

(25) 列一张表,将工作上所不能忍受的事列出来,然后把它丢掉。每星期写一次,重复四个星期,你会发现真正的问题所在,然后找方法克服。

(26) 在同事中开始一个支持性的团体——不是去发牢骚,而是去分享快乐与方法。

(27) 试着将别人的问题和自己的问题分开。

第六章　积极创业　走向成功

第一节　塑造自我　成就事业

走上人生的旅途吧。前途很远，也很暗，然而不要怕，不怕的人面前才有路。

——鲁迅

谁不能主宰自己，谁就永远是一个奴隶。想左右天下的人，须先左右自己。

——苏格拉底

职场故事

故事一

每天多做一点点

身高 1.50 米的乒乓球奥运冠军邓亚萍，从身高问题险些无缘乒乓球，到夺得四枚奥运冠军和 18 项世界冠军；从英文字母都认不全开始补习，再到留英、留美获经济学博士……邓亚萍用充满自信、无所畏惧、勇于拼搏、善于学习的精神，用不言败、不服输书写着自己光辉灿烂的人生，令世人佩服！

故事二

李嘉诚的成功秘诀

有人问起李嘉诚成功的秘诀，他给大家讲了一个故事：日本推销之神原一平在 69 岁时，一次演讲会上，有人问他推销成功的秘诀时，他当场脱掉鞋子、袜子，将提问者请上讲台，说："请摸摸我的脚板！"

当提问者摸出他的脚底老茧非常厚时，原一平说道："因为我走的路别比人多，跑得比别人勤，所以脚上的茧特别厚。"

李嘉诚讲完故事，微笑着说："我没有资格让你来摸摸我的脚板，但是可以告诉你，我脚底的老茧也很厚。"

思考一下，从他们的身上你可以得出几点成功者的秘诀？从身边考虑，是否有可以简简单单地成功的人？

职场航标

一个人的品质和修养决定了他成就的大小，成长中的青少年要想在未来取得杰出成就，必先锤炼出优秀的品质。

1. 自信——成功的人生始于自信

自信是指人对自己的个性心理与社会角色进行的一种积极评价的结果。它是一种有能力或采用某种有效手段完成某项任务、解决某个问题的信念；它是心理健康的重要标志之一，也是一个人取得成功必须要具备的一项心理特质。

很多中职生因为各种原因，造成自信不足，在生活、学习过程中，一直怀疑自己的想法和行为。其实自信对于学生来讲，是成功人生的起始点。当我们的中职生用崭新的自信面貌面向生活时，将会有一个新的开始、新的人生起点。

2. 自立——自立自主方可驾驭人生

自立就是自己的事情自己负责，不依赖别人，靠自己的劳动而生活。

可以这样说，人的成长过程，就是一个不断提高自立能力的过程。从学会走路开始，我们就获得了一个身体的自立；当能自己吃饭、穿衣时，我们就有了自立生活的体验；直到将来走上工作岗位，能够自己养活自己了，我们就获得了基本自立的人生。自立的生活表现在方方面面，也从方方面面影响着我们的成长和发展。

唯有自立自强，才能赢得尊严和权利，一个国家如此，一个民族如此，一个人也如此。我们在学生时代学会自立，将来才有足够的能力去适应社会的挑战。

3. 自理（负责）——责任感伴你走向成熟

自理就是自己对自己的行为负责，有责任感。

责任感从本质上讲既要求利己，又要利他人、利事业、利国家、利社会，而且自己的利益同国家、社会和他人的利益相矛盾时，要以国家、社会和他人的利益为重。人只要有了责任感，就具有驱动自己一生勇往直前的不竭动力，才能感到许许多多有意义的事需要自己去做，才能感受到自我存在的价值和意义，才能真正得到人们的信赖和尊重。

一个有责任感的人，就有对自己行为负责的心理，才会对自己的具体行为有适当的考虑。中职生在生活、学习过程中，多一份责任、多一份考虑，就会显得尤为优秀。

4. 自制——管理好自己才能管理别人

自制是指人们能够自觉地控制自己的情绪和行动。既善于激励自己勇敢地去执行既定的决定，又善于抑制那些不符合既定目的的愿望、动机、行为和情绪。自制力是坚强的重要标志；与之相反的是任性，对自己持放纵态度，对自己的言行不加约束，任意胡为，不考虑行为的后果。

当一个人能自觉控制自己的情绪和行为，让自己的行为符合场合的需要，学会管理自己，才有能力去管好别人。

5. 自强（坚韧）——在充满荆棘的道路上奋进

自强就是一个人要靠自己不断地创新，坚持不懈地努力。

人生的旅途中，我们每个人都不会走得一帆风顺，必定会遇到许多大大小小的挫折与坎坷。在这些坎坷面前，有的人真的被打败了，然而有些人却在这里学会了自强。因为他明白，风雨过后，眼前会是鸥翔鱼游的天水一色；走出荆棘，前面就是铺满鲜花的康庄大道；登上山顶，脚下便是积翠如云的空蒙山色。在这个世界上，一星陨落，黯淡不了星空的灿烂；一花凋零，荒芜不了整个春天。所以我们必须学会自强。

6. 乐观——天生我材必有用

乐观是一种最为积极的性格因素之一。乐观就是无论在什么情况下，即使再差也保持良好的心态，相信坏事总会过去，也相信阳光总会再来。

每个人都是独一无二的，每个人都有自己的优点。当我们在碰到困难或者挫折的时候，相信自己的才华，相信自己的能力，相信困难会过去，具备这种性格因素将能极大地有助于事业的成功。

此外，创业者还需要有战胜自己的勇敢精神、积极进取的开拓精神、勇攀高峰的勤奋精神、有宽容思想、能与他人合作、尊重他人、懂得与人分享的精神，才能在最后的行动中实现梦想。

连线职场

一个人的品质和修养决定着自己的成就大小，但我们或多或少都存在这样那样的问题。特别是对于我们中职生来讲，可能存在的问题更多。如何在走入职场、创业之前，尽最大的可能做好品质和修养上的准备，将是我们学生生涯中很重要的必修课。

一个人要想提高自己的品质和修养，首先要从“改”做起，从“受”做起，从自我要求做起。那么，究竟要怎么“改”，怎么“受”呢？

1. 应该改言，改性，改心

人与人之间的沟通最基本的就是语言，如果我们说话没有艺术，或者说话不得当，就很难得到别人对自己的好感。在性格上假如习气很重，恶性不改，坏心不改，心里面的邪见、嫉妒、愚痴、傲慢不改，就很难在道德、修养上有所提高。所以，我们应该学会不断地改进，要改言、改性、改心，这样才能得到不断的进步。

2. 应该受教，受苦，受气

在人生的道路上，有的人为何能不断地进步，而有的人则不进反退呢？问题就是他不能“受”。和学习读书是同样的道理，有的人容易进步，因为他乐于接受；有的人容易退步，因为他纳不进去。我们在加深修养的过程中，首先要学会受教，受教就是把东西吸收到自己心中，然后把它消化成为自己的思想。

我们不仅仅要受教，并且还要受气。如果一个人只能接受人家的赞美，是不能永远和完全给自己增加力量的，还应该学会接受别人的批评、指导，乃至伤害。从一定意义上说，能受苦、受气，才会得以进步。

3. 应该思考，思想，思虑

不管什么事情都必须三思而后行。思想是智能，任何事情在经过深思熟虑后再去做，必定能事半功倍。

4. 应该敢说，敢做，敢当

有些人不敢表达自己的想法，有意见的时候不敢在大众面前发表，只会在私底下议论纷纷；遇事也不敢当、不敢做。不敢担当就不会负责，不会负责就无法获取别人对自己的信任，修养也不会提高。因此，只要是好事、善事，我们就要学会敢说，敢做，敢当。

我们在培养自己的品质和修养时，要有意识地了解自己欠缺的问题，从而朝这个方向去努力。要多阅读、多看书，多学习一些在社会上有成就的人的品质和修养，了解他们成功的秘诀。

赢在职场

坐飞机的一个现象

在飞行途中观察30岁到40岁这个年纪的旅客，头等舱的旅客往往是在看书；公务舱的旅客大多看杂志或用笔记本办公；经济舱的旅客看报纸、电影、玩游戏和聊天的较多。在机场贵宾厅里的人大多在阅读，而普通候机厅里的人大多在玩手机。

那么，到底是人的位置影响了行为呢，还是行为影响了位置呢？

正视自己，发现内在的金子

一座8英尺高的混凝土佛像坐落在泰国曼谷的市中心已有很多年了。它非常醒目，然而，它并不是一件供人们欣赏的艺术品。人们也没有把它当做一件宗教器物加以顶礼膜拜。世界各地的游客喝光苏打水后，常常将空的易拉罐丢在佛像上面，有些游客还会在更换胶卷的时候，将照相机放在它上面。还有些人对它根本不屑一顾。

后来，一位僧侣准备将这座古老的佛像搬进自己的寺庙中。在搬动的过程中，佛像开裂了。碎片脱落后，这位僧侣发现混凝土下面有什么东西在闪闪发光。在其他人的帮助下，他扒掉了佛像的整个外壳，发现了世界上最大的黄金雕像。

这座金佛价值连城。

这是多么经典的一个忽略价值、掩盖美丽、忽视潜能的例子啊！这是一个多么绝妙的没有充分利用资产的例子啊！

现在我们每一个人都知道这尊佛像，它是一尊黄金的佛像，却藏在混凝土外壳之下。那么你还会发现，你自己是否就是如此。

每个人都拥有上天赐予的独特的才能和潜能。然而，要获得并保持成功的生活，最困难的一件事情是：健康而积极地尊重我们所拥有的一切，尊重我们自己。千百万人生活在自惭形秽之中，就是因为他们没有重视自己内在的东西。他们只看见了自己外在的失败，没有看见自己内在的价值。他们心甘情愿地让自己的天赋和才能裹藏在怀疑和担忧的硬壳之中。为了让自己显得有自信、有价值，他们争先恐后地追赶时髦。

不要这山望着那山高

马越从技术学院毕业后，应聘到某商场做电路维修工。该商场给他的待遇是，试用期三个月，工资2000元，试用期满转成正式员工工资增加到3000元，还享受其他相应的福利。想到工资待遇还可以，工作也不会太累，他感到很满意。

可是，刚刚干了不到半个月，他就被分配到三家分店更换老化的供电线路。有的时候店里催得急，常常会说些不中听的话，甚至经常要晚上加班到十点多才能更换完毕。这样忙了一个星期，马越就觉得特别委屈，工作也打不起精神。有一天，一家分店线路出了毛病，造成迟迟不能正常经营，最后商场辞退了他。

马越又到人才市场应聘，这次他不想再干自己的专业了。抱着换个新鲜工作或许能多赚些钱的想法，马越开始做保险推销员。但是他既没有这方面的经验，又缺乏一定的客户资源，虽然他整天辛辛苦苦地四处奔波，却没有取得什么成效。这样，马越忙乎了两个月，但也只成交了几笔小生意，收入寥寥无几。看来这碗饭也不好吃，最后他又无奈地放弃了。

就这样来回折腾，一晃半年过去了，马越连一个固定的工作都没有。他的同学都一个个工作稳定，收入也不菲，自己就不由得焦急起来。有一天，他在街上转悠，遇到技术学院的一个学长，他们俩聊了一会儿彼此的情况。学长听说他半年来的境况后，诚恳地说："马越，你学的机电专业，干的就是技术活，吃的就是技术饭。像你这种性格，又不适合求爷爷告奶奶地做业务、跑推销，而且你的机电专业学得那么好，不用多可惜呀。现在好多企业就缺少像你这样的实干型人才呢！"

听了学长的话，马越也深深地感到：半年来自己心浮气躁，这山望着那山高是一事无成的根本原因，也清楚了自己最适合干什么。两天后，他在人才市场被一家公司的机电自动化部门聘用。从此，他不再不切实际地想入非非，而是静下心来，脚踏实地，工作勤勤恳恳、兢兢业业、任劳任怨。由于他技术精湛，业绩突出，两年后便成了部门主管。

万丈高楼平地起。走出校门步入职场，切忌眼高手低、好高骛远。一些学子刚开始工作，总想担子轻一点、薪水高一点，这种想法是十分幼稚的。只有立足当前，做好本职，锐意进取，埋头苦干，才能谋得发展、拓宽生存空间、赢得光明的未来。如果总是心比天高，消极怠工，频繁跳槽，"打一枪换个地方"，最终只会适得其反，"竹篮打水一场空"。

职场演练

自信心测验：通过对20道题的选择，测试自己自信心的水平，答案选择"是"与"否"。

1. 认为自己是个寻常人吗？（　　）
2. 经常希望自己长得像某某人吗？（　　）
3. 时常羡慕别人的成就吗？（　　）
4. 你为了不使他人难过，而宁愿放弃自己喜欢做的事吗？（　　）
5. 你会为了讨好他人而打扮吗？（　　）

6. 是否经常勉强自己做自己不愿做的事吗？（　）

7. 任由他人来支配你的生活吗？（　）

8. 认为你的优点比缺点多吗？（　）

9. 你经常对别人说抱歉吗？（　）

10. 在无意的情况下，伤害了别人的心，你会难过吗？（　）

11. 你希望自己具备更多的天赋和才能吗？（　）

12. 你会经常听取别人的意见吗？（　）

13. 在聚会上，你经常等别人先跟你打招呼吗？（　）

14. 你每天照镜子超过 3 次吗？（　）

15. 你有很强的个性吗？（　）

16. 你是个优秀的领导者吗？（　）

17. 你的记性很好吗？（　）

18. 你对异性有吸引力吗？（　）

19. 你懂得理财吗？（　）

20. 买衣服前你听取别人的意见吗？（　）

自信心测验题答案

题号	是	否	题号	是	否
1	0	1	11	0	1
2	0	1	12	0	1
3	0	1	13	0	1
4	0	1	14	1	0
5	0	1	15	1	0
6	0	1	16	1	0
7	0	1	17	1	0
8	1	0	18	1	0
9	0	1	19	1	0
10	0	1	20	0	1

测验结果评价：

总分 13 分以上：很有信心，敢说敢做，知道自己的优缺点。但如果得分接近 20 分，有可能过于自信，甚至自大和浮夸。

总分 6～12 分：较有信心，但有时候信心不足。

总分 6 分以下：没有太多的信心，过于谦虚，容易形成自我压抑。

第二节　创业条件与要求

对所有创业者来说，永远告诉自己一句话：从创业的第一天起，你每天要面对的是困难和失败，而不是成功。我最困难的时候还没有到，但有一天一定会到。

——马云

野蛮社会，体力可以统御财力和智力；资本社会，财力可以雇用体力和智力；信息社会，智力可以整合财力和体力。

——牛根生

职场故事

“创业之星”陶立群

在绍兴市新建北路5号有家“新天烘焙”蛋糕店，它与其他蛋糕店有点不同，这家店不仅宽敞明亮，而且在店铺的一角摆放着一张圆桌、两张凳子，桌上还放着几本杂志，有点休闲吧的味道。

这家与众不同的蛋糕店的主人，是位刚走出大学校门的年轻人——浙江大学城市学院2006届毕业生陶立群。他毕业后自主创业，现在已拥有5家蛋糕连锁店和一家加工厂，成为绍兴市里小有名气的创业青年，2008年被评为“绍兴市创业之星”。

2006年6月，陶立群从浙江大学城市学院工商管理专业毕业时，决定开个蛋糕店。他做出这个决定并不是盲目的。大学期间，他曾经经营过校内休闲吧、小餐厅，都做得不错。曾做过“元祖蛋糕”代理的他，对蛋糕市场有所了解，觉得能在这一行闯出一片天地。虽然父母极力反对，但陶立群认准了这条路，决意走下去。2006年夏天，他白天顶着烈日逛绍兴市区大大小小的蛋糕店，看门道、想问题，晚上则躲在房间里查资料，了解市场行情。他还跑到杭州、上海等大城市做蛋糕市场的调查，做可行性分析。

陶立群的调查有不小的收获：绍兴当时只有“亚都”“元祖”两家知名品牌蛋糕店，其余的都是本地小蛋糕店，中高档品牌蛋糕市场相对空缺，而且当时绍兴还没有一家蛋糕店的糕点是现卖现烤的。陶立群的创业梦想定位在打造本地中高档蛋糕品牌上。

起早摸黑，这对在创业之初的陶立群来说是常事。为节约成本，采购、运货等工作，陶立群都自己一个人做。优质的用料、独特的口味、有人情味的服务，赢得了消费者的喜爱。2007年5月、10月，陶立群先后开出第二、第三家连锁店。2008年9月，又有两家新天烘焙店在绍兴市区开张。在鲁迅故里做讲解员的曹圣燕是新天烘焙店的忠实顾客，她说，“新天烘焙”不仅布置得有情调，并且糕点的品种多、口味好，所以经常买。

谈及今后的打算时，陶立群说，他下一步要在蛋糕店的团队建设上下工夫，并且要不断改善店里的蛋糕品种以及销售服务，打响“新天烘焙”品牌，力争开出更多的连锁蛋糕店。

陶立群在创业过程中准备了哪些条件？请简单思考一下，创业需要什么素质要求？

职场航标

当你是个雇员时，如果还没有想到下一步要做什么，老板会立刻告诉你。而在个人企业中，你必须每时每刻有着新的计策，决不能有丝毫惰性。

在你创立个人企业之前，与拿薪时期做个比较，就会明白许多道理。个人企业创立开始就相当艰辛，你要努力地工作，在你尚未踏入这个领域之前，请先做好充分的心理准备，在个人企业里你要的是什么样的生活？

(1) 安全感。在开始创业时，很多人都会诚惶诚恐。有些人会因缺乏准备、资金、精力以及对生意的敏感度而使企业以失败告终。创业就像在下注，其赌注大小因个人情况而有所不同。因此，在下注之前，必须有所准备，尤其在开始时不要太过乐观，如果真的亏了，这样心理上也能承受。

(2) 地位。受雇时，如果你有一辆公司配的车，人们总是把你想得比拥有一辆私人轿车的人更重要，而经营个人企业时很少有这样的地位。

(3) 财富。许多人经营个人企业相当成功，而且赚了很多钱，但是也有一些人赚钱极为有限。为了生活得好，你必须不断地工作。任何有质量的生活背后总是有艰辛的劳动。

(4) 家庭。无论受雇还是创业，你都想与家人更为亲近。但实际上，创业时，你不可能真正地与家人有更多的时间相处和交流，必须用比一般人更多的时间来经营你的企业。尤其在刚创立个人企业时，你会把大量的时间投入到工作中，以尽快创造财富。

(5) 休假。你可以休假,但休假越多就意味着收入减少得越多。在你还是工薪阶层时,节假日你仍然有薪水,而在自己的企业中却没有。一旦你创立自己的企业后,就会明白自己根本不存在休假的机会,你会尽心尽责地为自己的企业工作。

经商做生意是一件非常辛苦的工作,并不像大多数未涉商海的人所想象的那样,是一件潇洒有趣的事情。实际上,特别是对一个独立创业者来说,会经常遇到诸如资金、人才、市场等方面的各种困境。所以创业者在尚未踏入这个领域前要有良好的心态,并做好充分的心理准备。

创业需要资金,这个条件限制了很多投资者渴望致富的梦想。于是越来越多的年轻人选择白手起家。白手起家不是完全没有可能,白手创业,可以被称为是一种奇迹。而在今天,越来越多的人都渴望能够用少的投入获得最多的产出,只是并非所有人都那般的幸运。白手起家应该具备技术、资金、经验和人才四大条件。

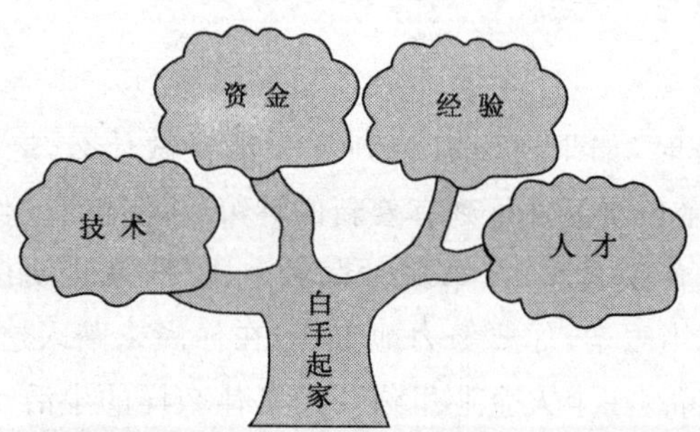

1. 技术

不管你从事什么行业,都需要对行业有一个全面的熟悉和了解,这是在市场中站住脚的一个关键因素。如果你没有资金作为支撑的话,就不可能高薪聘到有资质的人,所以自己具备一定的技术还是很关键的。

2. 资金

即便白手起家创业,也需要有一定的资金作为支撑,如果你一分钱都没有,这并不是很大的问题,问题是你一定要有方法让自己找到钱,这才是最主要的。招商引资,让别人出钱来帮你实现梦想也是很重要的。

3. 经验

经验就是财富,经验也代表成功,所谓"熟能生巧"就是这个道理。如果你经验不足,还缺少很多硬件的话,要成功实现白手起家是很不容易的。

4. 人才

人的因素往往大于其他的各个方面,如果你不懂得利用和笼络人才的话,是很难有发展的。光有自己的雄心壮志还是不够的，一定要有别人来作为你的支点，所以学会用人和管理人才也是必需的。

连线职场

在具备了一定的创业条件的前提下，作为一个社会人，如何让自己的创业计划成为现实，必然有许多需要注意的事项。

1. 怎样寻找创业模式

创业如何进行，对于创办一个公司，创业者首先要有一个构想和一定的理想，然后再从构想开始，考虑怎么样组成一个团队，怎样把这个公司发展成为一个完整的公司，怎样预见公司的发展前景，确定公司的发展方向。

2. 怎样确立创业目标

赚钱是重要的目标，但并不是唯一的目标，因为创业本身应该有理念，理念会带动很多新的产品创意和实践冲动。

3. 怎样制定创业原则

在创立公司的时候，你不应该一直想着什么时候能收到成果。今天还没有赚钱，明天会不会赚钱？面对非常艰苦的工作，你会感到不愉快。第一次创业，创业者赚钱的期望会比较高，第二次创业就不会这样了。但每一次创业都需要用热情去支撑。

4. 怎样规划创业步骤

规划创业步骤是一个循环的过程。首先要看创意从哪里来？怎么会有这个创意？资金怎么找？怎么组织一个团队？产品的市场行销怎么做？这个产品做完了，你会不会还想做？如此周而复始。

5. 怎样创造创业条件

创业时，不一定要有一个很重大的发明，重要的是你所做的东西在市场上会不会销售成功？然后考虑市场上需求什么？自己的能力是什么？最后再把这些都结合起来。

6. 怎样确定创业期限

一个很大的公司，至少要花3～5年才能做出来，时间太长，风险也会大，因为市场是不断变化和发展的。因此，创业最好以两年为准，要想办法在两年内把产品做到最好。

7. 怎样处理与投资人的关系

很多创业者觉得，自己占这个公司的股份应该是99%，投资人应该是1%。

这种想法对风险投资来讲是不对的。通常创业者与投资人最好各占一半股权。创业者去找投资，一半的股权要交给投资人，以后如果需要更多投资的话，创业者在公司持有的股份会越来越少，但这并不表示你拥有的钱越来越少，因为公司的价值会越来越高。

创业路上困难重重，克服困难的原则就是要找到创业中的问题，这样就会去寻找解决方法，有了方法，就肯定会很快地成功。那么创业中如何克服困难呢？

(1) 承认。承认困难，面对困难不推、不绕、不躲。一是一，二是二，有多大就是多大，承认它的存在，我们才有勇气战而胜之。

(2) 面对。我们许多创业者因缺乏分析能力、创新能力而不敢面对困难和正视困难，将问题一拖再拖，最后使自己的创业拖黄了。

(3) 喜欢。“让暴风雨来得更猛烈些吧”，因为喜欢，在发现新问题解决的过程中提高自身能力。

(4) 不放过。要有不到黄河不死心，不碰南墙不回头，死死抓住不松手，不解决不罢休的精神。即使困难不能解决，也要把原因找到。

(5) 坚持。往往有利的情况和主动的恢复产生于一再坚持的努力之中。在不能维持或亏到撑不下去之前，一定要坚持，当然坚持是为了给自己时间去寻找问题，而不是死撑硬挺。

(6) 分析。影响成败的因素千奇百怪，尤其是潜在的、隐藏的、难以发现的。

(7) 列出问题。关键在于我们能不能把问题全部找出来。大多数情况下，不是我们不能解决问题，而是我们没有发现问题。

(8) 分别轻重缓急。要命的事马上办，重、急事先办，轻、缓事后办，可办可不办的事不办。

(9) 拿出解决方案。创业者一定要有分析能力，一定要先谋定而后动，一定要会纸上谈兵，找到问题，困难就解决了一半。

(10) 逐一实施。创业是系统工程，环环相扣，也许只是其中微不足道的一环，就可能溃堤千里，前功尽弃。每一个问题都要找出来，每一个解决方法都要记录在案，不放过每一个细节。

创业者是一名战士，决不能等待困难，或者乞求老天，要勇于克服困难，夺取胜利；创业者更是一位将军，应勇于血战到底，更能运筹帷幄。

赢在职场

成功创业

一个年轻人开拓出了一种叫做“小管家”的新家政商业模式。凭借新模式，这位创业者在北京，仅一个社区就年收入170万元。面对我国汹涌而来的社区经济，“小管家”铺就的是一条“沃尔玛”式的道路，一扇虚掩的财富大门正在徐徐打开……

张松江，出生于1978年，土生土长的北京人，如今是新理念保洁服务有限公司的总经理，公司注册商标为“小管家”。

尽管人们还都把他的公司称为“家政公司”，但在张松江看来，他的“小管家”从开始就已经背离了传统家政。在极短的时间内，离经叛道使得“小管家”由穷困潦倒转而获取巨额利润，并因此搭建起一个面向未来的庞大商业帝国架构。对于传统的家政行业来说，“小管家”的成功模式所产生的影响很可能是颠覆式的。

创业出师不利

1999年，张松江大学毕业，到择业时他才发现，自己怀里的一张大专毕业证书几乎没有任何用处。他与其他3个朋友商量，决定一起创业。

他在报纸看到一个美国品牌保洁公司招加盟商的广告。4个人就跑到那家公司去看——那写字楼里面简直可以用金碧辉煌来形容。在对方“专业”的讲解后，他们相信了“保洁市场利润空间无与伦比”。

于是，4个人立即凑了3.9万元加盟金，交给了那家公司。随即，对方给他们进行了为期两天的保洁清洗培训。

他们本来以为，像什么饭馆的招牌清洗、灯箱清洗、建筑物外墙清洗、大型油烟机清洗、中央空调清洗……商机无处不在。然而，等他们跑去谈生意时，却到处吃闭门羹，根本没人用他们。两个月过去了，他们没有找到一个客户。

最初筹集的钱花光了，大家只好每人再筹集了5000元。直到第四个月，终于等到了一位“大”客户。这位“大”客户是他们租住的那栋写字楼的经理。那位经理要求他们把这栋写字楼的地毯洗一遍。那些地毯的总面积超过3000平方米。为此，张松江报价为每平方米3元，也就是说，活干完了应该可以拿到

9000元钱的报酬。

张松江领着员工大干了一场，可等他们干完了，那位经理只给了1500元钱，随后丢下一句："就这么多，没钱了。"

碰壁次数多了，张松江渐渐明白了保洁行业到底是怎么一回事。在原来做培训的时候，那家"美国品牌"公司告诉他们，做保洁清洗，市场的价格绝不低于每平方米10元钱。但在现实中，市场行情是每平方米1元钱。不仅如此，如果没有人脉关系，就算凭1元钱的价钱你也休想拿下一个仅有微薄利润的保洁工程。

一则广告触发灵感

张松江郁闷到了极点，从不对家人诉苦的他，最后还是将创业的烦恼告诉了父亲。望着创业遇到挫折的孩子，父亲平静地说："没有关系，钱的事不用担心，我给你筹。"

父亲的话给了张松江莫大的安慰。当晚，张松江躺在床上，翻来覆去睡不着觉。他打开灯，随手翻开一张报纸。翻着翻着，报纸上一则广告吸引了他。那则广告说，北京的SOHO现代城推出了可移动墙壁的房屋。

可移动的墙壁——所有开发商都把墙壁做成死的，他们却做成活的。这墙活了，他们生意不就活了吗？别人的生意这样，我呢？要想有利润就得有别人没有的东西，就得把大家都认为是不能改变的固定思维模式打破。思维的闸门一旦打开，张松江再也抑制不住自己。他想到了由户外转向户内。

虽然户内保洁也有人做，但是现在的户内保洁太没有特点了。像SOHO现代城这样的高档社区，肯定需要一种更高档次的服务。麦当劳、肯德基走遍全球，凭的不就是一个严格的操作规程与标准嘛！对于保洁来说，这个标准应该是对卧室、卫生间、厨房等不同性质房屋进行分类，然后确定不同的服务标准。

越想越兴奋，他把自己的想法、计划都写在了纸上。

从第二天开始的十几天时间里，他进一步完善方案，然后鼓起勇气去找SOHO现代城中海物业公司的经理。那位将近50岁、有着丰富经验的物业经理被眼前的年轻人打动了。

张松江从最初不经过了解市场，而选择跟风的创业，到后来的自我创新，是经过了较为沉重的创业失败。一个好的项目很大程度上决定着创业成功失败与否。同时在面对创业最初的失败时，如何去正确地处理这个失败的问题，也

很大程度上决定着创业的失败与否。

成功源于坚持

美国少年斯克劳斯受母亲的影响，自小就喜欢时装，他的母亲是个小裁缝。尽管家境贫寒，但阻止不了斯克劳斯要做一名出色的时装设计师的想法。斯克劳斯常常将母亲裁剪后的布角偷来，东拼西凑地做成各种各样的小人衣服。由于母亲的布角有限，并且那些布角都是要用来做鞋垫的，斯克劳斯总是遭到父亲的责备。斯克劳斯感到自己的创作欲望得不到满足。有一天，斯克劳斯将父亲从自家凉棚上撤下来的废棚布捡来制成了一件衣服，这种粗布在当时是专门用于盖棚之用的。斯克劳斯穿着自己做的衣服走在大街上，很多人都说他是疯子。甚至母亲都觉得斯克劳斯太过分了。

斯克劳斯的母亲见儿子沉迷于服装设计，便鼓励儿子去向时装大师戴维斯请教，她希望自己的儿子能成为像戴维斯一样成功的时装设计师。那一年斯克劳斯 18 岁，他带着自己设计的粗布衣来到了戴维斯的时装设计公司。当戴维斯的弟子们看到斯克劳斯设计的衣服时，忍不住哄堂大笑，他们从来没有看到过如此粗俗的衣服！可是戴维斯却将斯克劳斯留了下来。

在戴维斯的鼓励与帮助下，斯克劳斯设计出了大量的粗布衣。可是，没有人对斯克劳斯的衣服感兴趣。斯克劳斯设计的衣服大量积压在仓库里。就连戴维斯都对自己收留斯克劳斯的决定产生了怀疑。但斯克劳斯很固执，他坚信自己的衣服会受到人们的欢迎，于是他试着将那些粗布衣服运往非洲，销给那里的劳工们。由于那种粗布衣服价格低廉、耐磨，居然很受劳工们的欢迎，很快衣服销售一空。

斯克劳斯又将那些粗布衣服做成适合旅行者穿的款式，因为它的沧桑感和洒脱，居然又很受旅行爱好者的欢迎。斯克劳斯又设计出了许多种款式，人们惊奇地发现，那种衣服穿在身上不但随意，还有一种很特别的风味，而且不分季节，任何年龄的人都可以穿。一时间，大家都争着穿起了斯克劳斯设计的粗布衣。如今这种衣服已风靡全球，就是以斯克劳斯与戴维斯为品牌的牛仔衣。

坚定是一个人能否获得成功的重要因素之一，如果当初斯克劳斯在众人的嘲笑下放弃了自己的理想，那么就不会有今天人们所喜欢的牛仔衣。只要认为自己所做的事情是正确的，那就大胆地去做，哪怕你的梦想只是一件粗布衣，只要坚持下去，粗布衣也可以成为一件漂亮的时装！

职场演练

思考题

1. 创业动机方面：

(1) 你身边是否有创业的人？你是否有从事过创业行为的活动？

(2) 你觉得你身边创业者最明显的特征是什么？你如何评价你身边的创业者？

(3) 你是否考虑过毕业后创业？如果创业，你准备创办一家什么样的企业？为什么？

(4) 对你来说，成功创业最重要的因素是什么？

(5) 你觉得创业对你来说意味着什么？

(6) 你觉得创业最大的困难是什么？

2. 创业技能方面：

(1) 你觉得应该如何计算你的创业启动资金？

(2) 如果你毕业后创业，你期望获得多少创业资金？你觉得你如何筹措？

(3) 你是否会选择一些同学做你的创业伙伴？你选择的标准是什么？

(4) 假使你准备毕业后开创一家设计公司，你觉得你的市场客户群体主要是哪些？

(5) 创业对你来说，什么东西是最急需的？创业政策、创业知识、创业经历，这是创业技能？

(6) 假使在校期间开始创业，你如何进行你的时间管理？

(7) 你如何控制你的企业成本？有没有什么具体的办法？

(8) 你觉得中职生创业的优势是什么？

(9) 你觉得企业在选址时应该考虑的问题有哪些？

(10) 你如何选择自己的创业伙伴？你觉得一个创业团体之中，创业者处于什么样的地位，应具备怎样的领导素质？

第三节　让梦想成为现实

梦想绝不是梦，两者之间的差别通常都有一段非常值得人们深思的距离。

——古龙

一个有事业追求的人，可以把“梦”做得高些。虽然开始时是梦想，但只要不停地做，不轻易放弃，梦想能成真。

——虞有澄

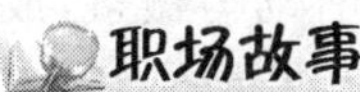

职场故事

在游山玩水中赚钱

小艾是职校在读生，平时爱好旅游。周游世界是她的梦想。自高一开始她在朋友的介绍下利用暑期随旅游团周游全国，她的职务是“日托”，负责看管游客的小孩。虽然这份工作日晒雨淋非常辛苦，但她乐在其中。五十块钱一天的利润也让她很满意。她已经连续三年都利用节假日干这份工作，在这期间她几乎走遍了全国各大景点，结交了许多来自世界各地的朋友。现在她正在准备考导游证。

刚从学校出来的毕业生，虽然稚气未脱，很多梦想在前辈看来都不成熟。但是，坚持梦想的他们，在现实的世界里一样可以将梦想一一实现。不管听起来怎么样，实践证明，他们都是靠谱的！

职场航标

梦想指梦中怀想、理想等，是一种以物质或非物质为基础的思维镜像，是一种超越现实物质，在思维中构建出完美物质形态，又用完美的物质形态再构成合乎主观意念的叙事情节，最终达到自我思维中的理想与物质世界的高度统一。

人最不能缺少的是梦想，没有梦想，就没有目标，没有了动力，更谈不上把握机会。世界上的贫富之差就在于一念之差。一念就是一个想法、一个理想或者一个梦想。天下最穷的人不是没有钱，而是没有一个想法、一个理想、一个梦想。要想过上富有的生活(不止金钱,还包括精神、友情、爱情、亲情和健康等的富有),首先就应该要有一个富有的想法、理想、梦想。一句话,只要你想得到,才有可能做得到。

什么是你的梦想,就是你最想着得到的。只有明白自己最想得到什么,才会想办法,努力行动起来,一步一步地去得到。

一切成功的起点除了梦想,还需要你有积极的心态。同样,一个人的心态在很大程度上决定了这个人的成功与否。只有具有积极心态的人才会抓住机遇,总是能得到意外的惊喜,甚至会从坏运气中获得好处。因为积极心态的人相信这个世界,相信自己,有走向成功的动力。而消极心态就像一剂慢性毒药,逐渐摧毁人们的信心,吃了这毒药的人,就会变得特别消沉,没有动力做事,成功就离他越来越远。这些具有消极心态的人,经常会这样抱怨:"当初的梦想太幼稚了。""现在条件不成熟。""我没有这样的专长。""我没有多少钱投资。""这事根本不可能。""我这样不也过得挺好吗?""算了,等下次吧!"

消极的心态总是想到外部世界最坏的一面,会寻找到各式各样不让自己行动、不让自己努力的借口和理由,以至于即使是唾手可得的东西,因为心存消极而失之交臂。

一句话,保持积极心态,就会改变自己的世界。

同时,要使梦想成真,还需要有创新精神。为什么强调创新精神?因为创业就要与原有的市场、技术、同行业其他品牌竞争,假如没有创新精神,不能经常去否定原来的想法,很快就被后来者赶超。再者,一个好的产品如何达到最大的营销效果,可以采用产品技术的创新、市场营销的创新、商业模式的创新等多种手段获得。创新精神主要包括以下几个方面:

第一,批判精神。这是最宝贵的一种精神。正是由于乔布斯对传统手机行业的批判,诞生了苹果机;马克·扎克伯格对人与人之间社交模式的批判,从而有了社交网络服务网站……一个成功的创新企业领导者肯定会有相应的批判精神,不一定是要完全颠覆原有的营运模式,但肯定会对现有的行业模式产生冲击。

第二,要有激情。创业的过程总是充满艰辛曲折,需要极大的激情和热爱,将创业团队凝聚在一起克服困难,这是一种痛并快乐的精神。

第三,要坚韧。创业不是百米赛跑,而是马拉松,需要一个长时间的过程,没有坚韧不拔的精神很难成功。

第四,要有团队精神。优秀的创业团队需要的往往不是锦上添花的人,而是那些愿意与你风雨兼程有团队精神的人。

第五，要有好学精神。好学是创业者不断成长和成熟的催化剂，也是创业团队或将要去创业的朋友，这是在成长过程中不可或缺的动力。世界很大，聪明的人很多，只有不断学习，不断进步，才能不断完善商业模式。

第六，要灵敏。创业团队需要一个最为精干和灵敏的架构，或者说是能够始终保持创业状态的团队。当企业越做越大时，也只是原有架构的延伸，核心团队还在，并且保持沟通顺畅。

连线职场

梦想在实现过程中并不是简单的，需要通过自身不断地努力。

1. 敢于决断——克服犹豫不定的习性

很多人之所以一事无成，最大的毛病就是缺乏敢于决断的勇气，总是左顾右盼、思前想后，从而错失成功的最佳时机。成大事者在看到事情的成功可能性到来时，敢于做出重大决断，因此取得先机。

2. 挑战弱点——彻底改变自己的缺陷

人人都有弱点，不能成大事者总是固守自己的弱点，一生都不会发生重大转变；能成大事者总是善于从自己的弱点上开刀，去把自己变成一个能力超强的人。一个连自己的缺陷都不能纠正的人，只能是失败者。

3. 突破困境——从失败中提取成功的资本

人生总要面临各种困境的挑战，甚至可以说困境就是“鬼门关”。一般人会在困境面前浑身发抖，而成大事者则能把困境变为成功的有力跳板。

4. 抓住机遇——善于选择、善于创造

机遇就是人生最大的财富。对个人而言，浪费机遇轻而易举，即让一个个有巨大潜力的机遇悄然溜跑。成大事者是绝对不允许机遇溜走的，并且能纵身扑向机遇。

5. 发挥强项——做自己最擅长的事情

一个能力极弱的人肯定难以打开人生局面，他必定是人生舞台上重量级选手的牺牲品；成大事者关于在自己要做的事情上，能充分施展才智，一步一步地拓宽成功之路。

6. 调整心态——切忌让情绪伤害自己

心态消极的人，无论如何都挑不起生活的重担，因为他们无法直面一个个人生挫折；成大事者，即使在毫无希望时，也能看到一线成功的亮光。

7. 立即行动——只说不做，徒劳无益

一次行动胜过百遍心想。有些人是“语言的巨人，行动的矮子”，所以看不到具有实际现实意义的事情在他身上发生；成大事者则每天都靠行动来落实自己的人生计划。

8. 善于交往——巧妙利用人力资源

一个人不懂得交往，必然无法运用人际关系的力量。成大事者的特点之一是：善于借力、趁热去营造成功的局势，从而能把一件件难以办成的事办成，实现自己人生的规划。

9. 重新规划——站到更高的起点上

人生是一个过程，成功也是一个过程。你如果仅满足于小成功，就不会推动大成功。成大事者懂得从小到大的艰辛过程，所以在实现了一个个小成功之后，能继续拆开下一个人生的“密封袋”。

赢在职场

“独一无二”的选择

南京许多大学附近的外贸服饰店很多，他们抓住了大学生追求个性、时尚的心理，店铺都开得红红火火。在他们中间，陈阳（化名）是一个特例，他是一名大三在校生，大二的时候，空闲时间很多，家里经济条件又不错，于是便想着找点事做。暑假他便和几个朋友一合计，每人出了几千块钱，在学校附近的街上租了一间门面房，就开始做起了生意。

与一般的外贸服饰店不同的是，他们店里的服饰一般都是从香港直接进货的，而且仅此一件，为的是抓住大学生的消费心理。他对记者透露，现在的大学女生拥有一件独一无二的靓装，就能让自己在朋友面前炫上好一阵子了。他还介绍说，一般自己跑进货这条线，看店经营是其他哥们的事，因为自己不大喜欢安定地坐在一个地方。现在这个小店已经小有名气了，特别在大学校园中，陈阳的店是一个另类的代名词。

这个“独一无二”的选择，也成就了陈阳的梦想。简单、新颖的创业思路，也代表了年轻学生毕业后的创业特点。

职场演练

从背面做起

山本耀司是世界时装日本浪潮的设计师和新掌门人，从20世界60年代出道以来，至今一直活跃在以东京为主的时装设计界。他成功的原因固然很多，但其中最主要的一天是他的背影情节。

山本耀司刚开始设计服装时，每次发布会后总觉得某些地方有些不足，至于什么地方，他自己一时间也找不到原因。

有一天，正当他坐在工作室里为下一场发布会苦思冥想时，他的母亲来了。山本耀司的母亲年轻时是东京城里的一个裁缝。那是，裁缝的地位是很低下的，顾客一般不到店里做衣服，而是等着裁缝找上门来。母亲那含辛茹苦的背影一直深深地印在他的脑海。此刻，当山本耀司又一次看着年迈的母亲忙里忙外的背影以及穿在母亲身上那被世俗的观念所束缚的"规规矩矩"的衣服，他突然意识到了自己设计的不足：背面！对，就是背面！

服装设计时，一般设计师都是从前面着手，把自己的灵感、创新等时尚元素都集中在服装的前面，以吸引评委和大众的眼球，而忽视了背后设计，他自己也是这样的。

找到原因后，为了使自己的设计每个细节都同样精彩，山本耀司开始注重背面设计，甚至是"苛刻"地要求他的制版师们，制版时也要从背面做起，等到背面的姿态确定下来后，再做前面。山本耀司也经常跟人说："我非常重视背面的设计，丝毫不会敷衍。"

注重每一个细节，使服装的背面和前面同样精彩，这正是山本耀司对服装设计的这种朝圣般的执著，最终使他成为日本时尚界的一代宗师。

不照搬才会不一般

"80后"的她，有一个令人惊羡的新贵职业——食品造型师。食品造型师在全世界都堪称稀缺，最早出现食品造型师的北欧国家瑞典也不过只有区区6个人。在国内，干这行的绝对不到10个人，而她是中国唯一一位女食品造型师。食物造型师简单地讲，就是给食物化妆，也可形容为食材魔术师。

食品造型师的薪水高得惊人，干一单大活，挣10万、20万绝对是小菜一碟。

诱人的收入下面，往往会诱发出一些潜规则。比如说，拿下大单后，不想烫手的山芋从手心上滑掉，以求在第一时间内完成作品，有些食品造型师就会照搬他人的方法。反正行内就这几个人撑着，如果不相互揭短，一般人是看不出其中端倪的。

而她，自入行之后就给自己定了一条铁规——不照搬他人，力求创新，追求完美。

2001年初，她接到了入行后的第一单——为福满多牛肉面造型。为做好这个造型，需要研究怎样将牛肉颜色做得够红、够漂亮，怎样通过装置做出面泡好后的热气和小气泡等。此时，她的心里比谁都清楚，一个好的创意造型会给商家带来滚滚财富，相反，一件失败的作品会使生产的食品无人问津。

成败在此一举，"不照搬才会不一般！"最终，她咬了咬牙，坚定了信念。

她没有急于动手，而是反复研究食材的原料，翻阅了大量的书籍，如美术基础、摄影基础、色彩学、几何学、厨艺、食材知识等资料，还不忘与客户沟通。花费了一个多月的时间，她才"拗"出几近完美的福满多牛肉面的造型。果不其然，诱人的红烧牛肉面广告的画面从电视里一经推出，受到了亿万民众的好评。

几年的打拼，她在业内确实很有名气了，甚至连国际知名品牌哈根达斯也向她伸出了橄榄枝——给冰激凌做造型。内行人都知道，为冰激凌做造型的难度非常高。因为真冰激凌无论是多高级的，都不能在摄影棚的灯光下拍摄。其真正原因是，还没等人替它摆好造型，冰激凌就已经开始融化了。

其实，这一难题早就被一些欧美食品造型师攻克了——用土豆泥做冰激凌。只要肯照搬，一样难不倒她。何况是欧美的技术，有谁会责难她呢？但照搬不是她惯用的伎俩！她说，用土豆泥做冰激凌造型，难免给人一种很假的感觉，效果会大打折扣。一些国外食品造型师，为了保证照片最终呈现出的视觉效果，会使用一些不能食用的道具。当然，这些作品无论如何艳丽生动，只可欣赏不能吃。不能吃的"替代品"，这是她绝对避免使用的。就这样，为了找到能吃又不会融化的冰激凌"替代品"，她在家研究了两个多月配方才成功。看着非常逼真的"替代品"，哈根达斯老板连连称赞她是"天才创意大师"。

试分析，案例中主人公成功的秘籍是什么？创业要成功需要具备哪些条件，克服哪些困难？